漫遊者經典研究室 編著

故事雲

中國童話

經典大閱讀

故事雲・中國童話經典大閱讀

編 著 者　漫遊者經典研究室
美術設計　徐睿紳
內頁排版　高巧怡
行銷企劃　蕭浩仰、江紫涓
行銷統籌　駱漢琦
業務發行　邱紹溢
營運顧問　郭其彬
責任編輯　吳佳珍
總 編 輯　李亞南
出　　版　漫遊者文化事業股份有限公司
地　　址　台北市大同區重慶北路二段88號2樓之6
電　　話　(02) 2715-2022
傳　　真　(02) 2715-2021
服務信箱　service@azothbooks.com
網路書店　www.azothbooks.com
臉　　書　www.facebook.com/azothbooks.read
營運統籌　大雁出版基地
地　　址　新北市新店區北新路三段207之3號5樓
電　　話　(02) 8913-1005
傳　　真　(02) 8913-1056
劃撥帳號　50022001
戶　　名　漫遊者文化事業股份有限公司
初版一刷　2024年07月
定　　價　台幣350元
I S B N　978-986-489-973-9

國家圖書館出版品預行編目(CIP)資料

故事雲・中國童話經典大閱讀 / 漫遊者經典研究室編著. -- 初版. -- 臺北市：漫遊者文化事業股份有限公司出版；新北市：大雁出版基地發行, 2024.07
304面；14.8×21公分
ISBN 978-986-489-973-9(平裝)

539.52　　113009038

目次

第二部　訪仙求道，法術幻術

第三部　受人之恩，當湧泉以報

第四部　在這些國家，動物或昆蟲當道

第五部　堅貞不移的愛情

第六部　世間無非人情義理

第七部　古人的機智生活

姑妄言之姑聽之——關於中國的童話

人人都喜歡故事。

從孩童睡前的床邊故事，圍爐夜談的連篇鬼話，到市井流傳的鄉野傳奇，甚至是大樹下往來行人休憩時，所交換的天南地北見聞，我們從小到大一定都聽過或看過各式各樣的故事。

記得小時候漢聲出版的十二冊《中國童話》套書，陪伴我們度過了許多時光，時不時總是會拿出來複習一下。後來唸書時讀到那些故事的原文，知道了出處，才驚訝地發現有些竟然都是出自中國古典文學典籍，如《列子》、《淮南子》、《韓非子》，其中最多的就是歷朝歷代的筆記小說，如《搜神記》、《幽明錄》、《世說新語》、《玄怪錄》、《酉陽雜俎》、《夷堅志》，以及清代的《聊齋誌異》等等，再次看到那些熟悉的故事，有種看到老朋友的喜悅。

現在人講到童話，總是會想到西方以王子、公主、精靈、巫婆、惡龍等為主要角色的故事，這都得拜電視、電影、卡通改編之賜，但是中國其實也有絲毫不遜於西洋童話的精彩故事，不但原型種類繁多，甚至歷史更悠久，影響深遠。

例如，早在東晉就有「羽衣少女」類型，亦即西方所謂的「天鵝少女」，講述鳥類脫下羽毛衣變成少女；六世紀的《高僧傳》裡，有類似〈國王的新衣〉故事；九世紀時，唐代筆記小說《酉陽雜俎》裡的〈葉限姑娘〉，可說是最早的灰姑娘故事；清代出現的〈老虎外婆〉，和〈小紅帽〉有類似情節，也是中國最早有紀錄的獸外婆型故事。這些都比西方十七世紀的「鵝媽媽故事集」、十九世紀的《安徒生童話》和《格林童話》還早。

童話故事有趣的地方，往往是在其天馬行空的想像和精彩曲折的情節。所以鳥獸動物、花草樹木皆有靈，不但會說話，還具備人的種種特性，牠們或是懂得報恩、或是狡猾邪惡。還有一種中國童話，是受了佛教或道教影響，描述人們尋仙訪道、擁有各種神奇法術的故事；而童話裡常見的報恩之說、善惡教訓和蘊含人情義理的內容，則是來自傳統認同的價值觀；其中還有一類比較特別的故事，是描寫各種虛構的幻想國度（螞蟻國、燕子國、猩猩國等），這寄託的是文人諷喻世情的寓意，此外還有才子佳人雋永的愛情傳說，以及呈現古人機智詼諧一面的小故事，令人莞爾。凡此種種，豐富了中國童話的種類與內涵。

小時候看那些童話故事，著迷的是它的新奇有趣，長大後再來看，因為見識和閱歷不同，對於故事又多了一份不同的體會，這證明了經典之所以為經典，除了具有流傳不朽的價值，更有老少咸宜的特性。清代的文人張潮曾說：「少年讀書，如隙中窺月；中年讀書，如庭中望月；老年讀書，如臺上玩月。皆以閱歷之淺深，為所得之淺深耳。」而還有什麼比從小到大閱讀的童話，更能夠驗證此語呢？

第一部　眾生皆有靈，或凶險奸邪，或講信重義

當鳥獸動物、花草樹木，開始有人的種種特性，
原本各自殊異之萬物，
也變得可愛、可恨、可親、可感起來。

毛衣女

出自：《玄中記》

從前在豫章這地方有名男子，看見田中有六、七個女子，他不知道這些女子是鳥，偷偷地趴著往田裡爬行，偷走了一件羽衣藏起來後，又再度靠近她們，這群女人受了驚嚇，趕緊穿起羽衣化為鳥飛走了。只有一人因為找不到羽衣無法飛走，這男子便娶她為妻，而且還生了三個女兒。後來這個母親指使女兒想辦法套出父親的話，才知道羽衣壓在稻草堆下，母親拿到羽衣，穿上之後就飛走了，後來她又帶著羽衣回來迎接三個女兒，她們穿上羽衣也跟著母親一起飛走了。這就是今天所說的鬼車鳥。

◈昔豫章男子，見田中有六、七女人，不知是鳥，匍匐往，先得其毛衣，取藏之，即往就諸鳥。諸鳥各去就毛衣，衣之飛去。一鳥獨不得去，男子取以為婦。生三女。其母後使女問父，知衣在積稻下，得之，衣而飛去。後以衣迎三女，三女兒得衣亦飛去。今謂之鬼車。

關於《玄中記》

六朝志怪故事集，相傳為東晉郭璞（276～324）所撰。內容多為神話、精怪異獸、奇境異聞等。全書已佚，清代學者和魯迅的《古小說鉤沉》有輯文。

有此一說

這是古代最早的人鳥婚姻故事，是「羽衣少女型」童話的代表作品。《玄中記》在這個故事之前，還記載了姑獲鳥的神話，《搜神記》卷十四則取後段為一獨立故事，定名〈毛衣女〉。敦煌石室所保留的唐代句道興抄本《搜神記》，則擴展為〈田昆侖〉故事，並且把毛衣女變成了仙女。

馬皮姑娘

出自：《搜神記》

有個古老的傳說，上古的時候，有個女孩住在十分偏僻的地方，她的父親出外遠行，家裡只有這個女孩子和一匹公馬，由女孩餵養牠。女孩很想念父親，就跟馬開玩笑說：「如果你能替我把父親接回來，我就嫁給你。」馬聽了女孩的話，就掙脫韁繩跑了出去，直到找著了女孩的父親。父親看到馬很驚喜，便騎了上去，馬卻看著跑來的方向，不停的悲哀鳴叫。父親想：「這馬無緣無故這麼焦急的鳴叫，難道是家裡出了事嗎？」便急忙騎馬回家。

因為這匹馬如此的特別，因此主人總是給牠更多的草料，但馬都不肯吃，每次看到女孩子進進出出，就激動地狂亂踢腳。這樣的情況發生了不止一次，女孩的父親十分不解，私下問女兒是否知道其中緣故，女兒這才把從前對馬開玩笑的事稟告父親。父親緊張地說：「千萬不要聲張，這件事恐怕會使我們受辱，妳這段時間暫且不要出門了。」於是就用弓箭把馬射死了，還剝下牠的皮放在庭院中曝曬。

有一日，父親外出時，女孩與鄰家的女孩子們在曬馬皮的庭院中嬉戲，女孩用腳踢了馬皮一下說：「你是畜生，居然想娶人當妻子嗎？最後被人剝了皮，根本就是痴心妄想啊！」話還沒說完，馬皮居然飛了起來，包裹了女孩飛走了。鄰家的女孩子們又慌又怕，也不敢救她，跑去告訴女孩的父親，父親趕回來四處搜尋，遍尋不到女兒。

過了幾天，父親看到女兒和馬皮變成了蠶，在一棵大樹的樹枝間結了絲，這個蠶繭又厚又大，與平常的繭不同。鄰居的婦女把這隻蠶取下來餵養，所收的繭是平時的好幾倍大。因此給那株樹取名叫「桑」，就是「喪」的意思。從此，百姓都種養這種樹和蠶，直到現在。

◈舊說：太古之時，有大人遠征，家無餘人，唯有一女。牡馬一匹，女親養之。窮居幽處，思念其父，乃戲馬曰：「爾能為我迎得父還，吾將嫁汝。」馬既承此言，乃絕韁而去。逕至父所。父見馬，驚喜，因取而乘之。馬望所自來，悲鳴不已。父曰：「此馬無事如此，我家得無有故乎！」亟乘以歸。

為畜生有非常之情，故厚加芻養。馬不肯食。每見女出入，輒喜怒奮擊。如此非一。

父怪之，密以問女，女具以告父：「必為是故。」父曰：「勿言。恐辱家門。且莫出入。」於是伏弩射殺之。暴皮於庭。

父行，女以鄰女於皮所戲，以足蹙之曰：「汝是畜生，而欲取人為婦耶！招此屠剝，如何自苦！」言未及竟，馬皮蹷然而起，卷女以行。鄰女忙怕，不敢救之。走告其父。父還求索，已出失之。

後經數日，得於大樹枝間，女及馬皮，盡化為蠶，而績於樹上。其璽綸理厚大，異於常蠶。鄰婦取而養之。其收數倍。因名其樹曰桑。桑者，喪也。由斯百姓競種之，今世所養是也。

關於《搜神記》

漢魏六朝最具代表性的志怪小說集，作者干寶（?～336），東晉著名史學家及文學家，他從民間大量蒐集了各種關於鬼怪、奇聞、神異以及方士神仙的傳說，也有採自正史中記載的祥瑞、異變等事蹟。原書後來散佚許多，其他書籍多所引用，經過後人整理輯錄之後，才成為流傳到今天的《搜神記》。

它對後世的中國傳奇小說影響鉅大，像是「唐人傳奇」，以及清初的《聊齋志異》，都有相似的寫作手法。書中的故事，除了生動有趣，也深具警世的意味。

有此一說

干寶年輕時，父親娶了個妾，十分疼愛，令干寶的母親非常妒忌生恨。父親去世後，干寶的母親趁著夫君下葬的時候，把妾推下墓穴一起活埋。十年後，干寶的母親去世，干寶要挖開父親的墓穴將母親一起合葬，竟發現那個被活埋的妾趴在父親的棺木上，尚有體溫，於是趕緊將妾救回家。過了幾天她才甦醒過來，自稱被埋入墓穴後，干寶的父親常常拿水跟食物給她吃喝，兩人依然相當恩愛。而且，這個妾突然有了超能力，可以預言並斷人吉凶，非常靈驗。後來還改嫁，生了兒子，又活了好幾年。此外，干寶的哥哥曾經因為病重斷了氣，奇怪的是，過了幾天他的身體都沒有變冷，後來居然又甦醒了。干寶的哥哥說，他在那段時間見到許多天地間鬼神的事，感覺上就像是在做夢一樣，並不知道當時自己已經死了。因為這兩件事，干寶對鬼神之說產生了濃厚的興趣，寫下了這部《搜神記》。

李寄斬蛇

出自：《搜神記》

東越閩中地方有座叫庸嶺的大山，高數十里，在山的西北邊窪地，有條身長七、八丈的大蛇，身體有十多人合抱那麼粗。百姓都很怕這條蛇，甚至連很多官員都被牠害死了，就算人們用牛羊祭祀，依舊不能消災免禍。大蛇有時託夢給人，有時通知巫師，說牠想要吃十二、三歲的女孩。都尉、縣令等官員都非常害怕，但大蛇帶來的災禍還是無法平息，於是當地人只好尋求奴婢所生的女孩和犯罪人家的女孩去餵大蛇，每年的八月初一舉行祭獻，將女孩送到蛇洞口，大蛇會從洞裡出來把女孩吞了。好多年都是這樣，前前後後已經犧牲了九個女孩。

後來，居民又要繼續搜求祭獻用的女孩，但一直沒有找到。住在將樂縣的李誕，家裡有六個女兒，沒有男孩，最小的女兒名叫李寄，她跟父母說，願意應官府的召募前去，她的父母當然不肯答應。李寄說：「父母沒有福氣，只生六個女兒，沒有男孩，就跟沒有兒女一樣。我不像孝順的緹縈那樣能有幫助父母的功勞，也不能供養父母，只有浪費衣食，活著一點益處也沒有，不如賣了我，還可得點錢，用來供養父母，難道不好嗎？」父母疼愛她，始終捨不得讓她去。李寄還是不聽勸阻，偷偷的去了。

八月初一，李寄帶著一把鋒利的好劍和一隻擅長抓蛇的狗坐在廟中。她用很多糯米、蜜糖和炒香的麥粉攪拌在一起，做成一個大的糯米糰放在蛇洞口。不久後，大蛇出來了，牠的頭像是個圓形穀倉那麼大，眼睛像直徑兩尺寬的銅鏡，牠聞到糯米糰的香味，一口就吞下肚吃了。這時李寄放出狗，狗撲上前去咬住蛇，李寄從後面用劍奮力砍牠，大蛇忍不住疼痛，從洞口竄了出來，竄到廟前空地便一命嗚呼了。李寄進洞查看，看到九個女孩的頭骨，一起拿了出來，惋惜的說：「妳們太懦弱了，才會被蛇給吃了，真是可憐！」說完後慢步返家。

越王聽說這件事，就聘娶李寄為皇后，封她父親作將樂縣令，母親和姊姊們都有豐厚的賞賜。從此那裡不再有妖邪之物，至今還流傳著歌頌李寄的歌謠。

◈東越閩中，有庸嶺，高數十里，其西北隙中，有大蛇，長七八丈大十餘圍，土俗常懼。東治都尉及屬城長吏，多有死者。祭以牛羊，故不得福，或與人夢，或下諭巫祝，欲得啖童女年十二三者。都尉令長並共患之，然氣厲不息，共請求人家生婢子，兼有罪家女養之，至八月朝，祭送蛇穴口，蛇出吞齧之。累年如此，已用九女。

爾時預復募索，未得其女。將樂縣李誕家有六女。無男，其小女名寄，應募欲行。父母不聽。寄曰：「父母無相，惟生六女，無有一男。雖有如無。女無緹縈濟父母之功，既不能供養，徒費衣食，生無所益，不如早死；賣寄之身，可得少錢，以供父母，豈不善耶！」父母慈憐，終不聽去。寄自潛行，不可禁止。

寄乃告請好劍及咋蛇犬，至八月朝，便詣廟中坐，懷劍，將犬，先將數石米餈，用蜜麨灌之，以置穴口，蛇便出。頭大如囷，目如二尺鏡，聞瓷香氣，先啖食之。寄便放犬，犬就嚙咋，寄從後研得數創，瘡痛急，蛇因踴出，至庭而死。寄入視穴，得其九女髑髏，悉舉出，咤言曰：「汝曹怯弱，為蛇所食，甚可哀愍。」於是寄女緩步而歸。

越王聞之，聘寄女為后，指其父為將樂令，母及姊皆有賞賜。自是東治無復妖邪之物。其歌謠至今存焉。

楊生與忠狗

出自：《搜神後記》

晉太和年間，廣陵人楊生養了一隻狗，非常的疼愛牠，不管到什麼地方都帶著狗在身邊。有一次，楊生喝醉酒，走進大沼澤的野草叢中，睡得不省人事。沒想到這時，正好冬天放火燒荒，風勢又非常大，眼看就快要燒到楊生了。狗驚恐地來回奔跑想要喚醒楊生，但楊生醉得太厲害了，毫無所覺。剛好附近有一窪水坑，狗便跑到水中弄濕自己，再奔回來，小步小步地把身上的水灑在楊生周圍的草地上，狗就這樣來回水坑好多次，把草都打濕了，因此火燒過來，才沒有燒到楊生。直到楊生醒來，才發現狗救了自己。

後來又有一次，楊生在暗夜裡行走，不小心掉入了一個枯井中，狗一直吠叫到隔天天亮，才有人經過。那人看狗一直對井中號叫感到奇怪，前來察看，才發現枯井中的楊生。楊生說：「請您救我出來，我一定會給您豐厚的報酬。」那人回答：「把這隻狗送給我，我就救你出來。」楊生不願意，說：「這隻狗曾經將我從死裡救活，不能送給您，其他的東西我都不會吝惜。」那人說：「如果不給我，那不救你出來。」狗於是探頭往井裡張望，偷偷向楊生示意。楊生了解狗的意思，便答應路人說：「好吧，我把狗送給您。」那人於是救了楊生，把狗牽走了。但五天後，狗在夜裡偷偷逃走，回到了楊生的身邊。

◈晉太和中，廣陵人楊生，養一狗，甚愛憐之，行止與俱。後生飲酒醉，行大澤草中，眠不能動。時方冬月，燎原，風勢極盛。狗乃周章號喚，生醉不覺。前有一坑水，狗便走往水中，還，以身灑生左右草上。如此數次，周旋跬步，草皆沾濕，火至免焚。生醒，方見之。

爾後，生因暗行，墮於空井中，狗呻吟徹曉。有人經過，怪此狗向井號，往視，見生。生曰：「君可出我，當有厚報。」人曰：「以此狗見與，便當相出。」生曰：「此狗曾活我已死，不得相與。餘即無惜。」人曰：「若爾，便不相出。」狗因下頭目井。生知其意，乃語路人云：「以狗相與。」人即出之，繫之而去。卻後五日，狗夜走歸。

關於《搜神後記》

又名《續搜神記》、《搜神續記》，六朝志怪故事集。相傳作者是陶潛（365~427），但所記內容有其死後之事，可能是後人假託陶潛之名或者增補篇目。本書記述鬼神怪異、神仙洞窟之事，以及人鬼之間的婚戀愛情，表現人們追求美好生活的幻想。

大龜與桑樹

出自：《異苑》

東吳孫權時，有個人在浙江永康縣山裡捉到一隻大烏龜，就把牠捆起來帶回家，這時，大烏龜突然開口說話：「出來的不是時候，被你捉住了。」那人覺得很奇怪，便坐船準備將大龜進獻給孫權。

夜裡，那人將船繫在江邊的大桑樹下停泊休息，半夜聽見大桑樹對大烏龜說：「元緒公受苦了，你怎麼會落到這般地步？」大烏龜說：「我被人抓住，馬上就要被人煮來吃了，但不要緊，他們就算燒盡南山上所有的柴火來煮，也不能把我煮爛。」桑樹說：「聽說朝廷中有個叫諸葛元遜的人，知識廣博，一定會要了你的命。如果他用我們這些大桑樹來煮你，那你可怎麼辦？」大烏龜說：「子明，不要多言，恐怕你也逃不了這場大禍。」桑樹於是就沉默不語。

到了南京，這隻大烏龜被送到了孫權那兒，果然燒了很多柴還是煮不爛。諸葛元遜就稟告說：「用老桑樹當柴來煮，一定可以煮熟。」捕龜人這時就把在途中聽到烏龜和桑樹的對話告訴了孫權，孫權於是命人砍伐桑樹並運來做柴薪，才一刻鐘的工夫就把烏龜煮爛了。到如今，煮烏龜多用桑樹當柴，當地老百姓也把烏龜稱作元緒。

◈吳孫權時，永康縣有人入山，遇一大龜，即束之以歸。龜便言曰：「遊不量時，為君所得。」人甚怪之，擔出欲上吳王。夜泊越里，纜舟於大桑樹。宵中樹忽呼龜曰：「勞乎元緒，奚事爾耶？」龜曰：「我被拘系，方見烹臛。雖然，盡南山之樵不能潰我。」樹曰：「諸葛元遜博識，必致相苦。今求如我之徒，計從安簿？」龜曰：「子明無多辭，禍將及爾。」樹寂而止。既至建業，權命煮之，焚柴萬車，語猶如故。諸葛恪曰：「燃以老桑樹乃熟。」獻者乃說龜樹共言，權使人伐桑樹煮之，龜乃立爛。今烹龜猶多用桑薪，野人故呼龜為元緒。

關於《異苑》

作者劉敬叔，生卒年不詳，約晉末至南朝宋時人。《異苑》收錄的內容基本上都是各種奇聞異事，包含天文地理、古今名人、動植物靈異、自然民俗等神異怪奇之事，敘事概略，語言簡練，但所記內容為後世的史書和民俗學留下珍貴的史料參考

懂得團結的紫荊樹

出自：《續齊諧記》

京兆地方有一個人名叫田真，和兄弟三人一起商量著如何分配家產。都平均分配完以後，只剩廳堂前的一棵紫荊樹，於是他們商量著要把紫荊樹砍成三份。第二天才剛準備要去砍樹時，樹就立刻枯死了，而且像被火焚燒過一樣。

田真看了非常吃驚，對他的弟弟們說：「樹本來是同一個樹幹，聽見要被砍開就悲傷的枯死了，我們人還不如樹啊！」田真因此難過不已，決定不砍樹了，紫荊樹就又立即枝葉茂盛了起來。兄弟們都被深深感動，於是又把財產合併起來，成了以孝聞名的一家人。日後田真當官，當到了大中大夫的職位。

◈京兆田真兄弟三人，共議分財。生資皆平均，惟堂前一株紫荊樹，共議欲破三片。明日，就截之，其樹即枯死，狀如火然。

真往見之，大驚，謂諸弟曰：「樹本同株，聞將分斫，所以憔悴。是人不如木也。」因悲不自勝，不復解樹。樹應聲榮茂，兄弟相感，合財寶，遂為孝門。真仕至太中大夫。

關於《續齊諧記》

六朝志怪故事集。南朝梁吳均（469～520）撰。南朝宋東陽無疑（生卒年不詳）著有《齊諧記》，吳均為了續《齊諧記》而作此書。本書內容主要是寫鬼神怪奇故事，但也記錄了一些民間習俗。

東郭先生與中山狼

出自：〈中山狼傳〉

春秋時晉國的大臣趙簡子在中山國一帶進行大規模的狩獵。打獵的官員在前面做前導，獵鷹和獵犬成群跟在後面。即使是敏捷的飛鳥或凶猛的野獸，弓弦一響就被射倒的，也不計其數。突然，有隻狼出現在路中間，就像人一樣站著嗥叫。趙簡子見了，從容的登上車子，手拉用堅韌桑柘木製造的良弓，搭上肅慎國製造的名箭，一箭射過去，連箭末的羽毛都射進了狼的身體裡了。狼痛得大吼一聲，拚命逃跑。趙簡子大怒，連忙驅車追趕。車馬揚起的塵土遮蔽了視線，奔馳的腳步聲像雷鳴般震耳欲聾，聲勢浩大，十步之外，完全分不出狩獵隊伍中的人和馬。

有一位信仰墨子兼愛學說的東郭先生，要到北方的中山國謀求官位。他一路上趕著一頭跛腳的驢子，驢背上還馱著一袋重重的書，因為清晨趕路而迷失了方向，望著滾滾飛揚的塵土，他更是嚇得心驚膽顫。就在此時，狼突然跑了過來，仰著頭看著東郭先生說：「先生不是立志要救助萬物嗎？從前毛寶因為救了一隻白龜放生，後來因為白龜的幫助，才得以渡江逃命；隋侯也救了一條受傷的大蛇而得到一顆寶珠。你知道，蛇和龜的靈性是比不上狼的呀！今天這樣的情況，請讓我趕緊躲進你的書袋中，延續我垂危的生命吧！將來倘若我有出頭之日，先生的恩德，可說是使死者復生，讓白骨長肉！我一定努力仿效白龜和大蛇報恩！」

東郭先生嘆氣說：「唉，偷偷的庇護你，我可能因此會冒犯大官，觸怒權勢，禍患尚且無法預料，哪裡還敢指望你來報恩？但是墨家主張『兼愛』為根本，我總得想辦法救你的命。即使可能招來災禍，也應當在所不辭啊！」於是就從袋中取出書籍，倒空了口袋，慢慢的把狼裝進去。可是袋子小，往前裝擔心狼的腳爪踩到牠自己的下巴，往後裝又怕狼的屁股壓住牠自己的尾巴，前前後後裝了好幾次都沒有成功。

東郭先生遲疑不決，因而動作緩慢，追趕的人越來越靠近。狼請求他說：「現在情況萬分緊急，難道你真要如此慢吞吞的打躬作揖去搶救受火燒水淹的人，或是大聲響著車鈴來躲避盜賊嗎？拜託先生趕快想想辦法吧！」於是狼蜷縮著四條腿，讓東郭先生用繩子先捆綁起來，再把頭彎下來湊到尾巴上、彎著背脊、縮著下巴，像刺蝟般縮成一團、像蠕蟲般彎著身體、像蛇般捲成盤狀、像龜似的縮進殼中，屏住呼吸，任憑東郭先生擺布。東郭先生照著狼的指點，把狼裝進口袋，捆緊袋口，用肩扛起放到驢背上，然後再躲在路旁，等待趙簡子的人馬通過。

不一會兒，趙簡子到了，他因為找不著狼，非常生氣，憤而拔劍砍掉車轅的一頭，對著東郭先生警告罵說：「要是誰敢隱瞞狼的行蹤，我就讓他跟這斷轅一樣！」東郭先生慌忙趴伏在地上，爬到趙簡子跟前跪著說：「我雖是個愚蠢的人，但也希望能為世上奉獻一點心力。可是我到處奔走，現在連自己都迷了路，又怎能知道狼的蹤跡，好為您指引獵鷹獵犬呢？不過我曾聽說過『大道以多歧亡羊』，羊啊，雖然這樣溫馴，一個小孩就可以制伏，尚且都會因為岔路太多而丟失。更何況狼和羊是不能比的，且中山這一帶可以丟失羊的岔路不計其數，哪能數得清呢？您只是沿著大路來追趕牠，豈不就是『守株待兔』、『緣木求魚』，徒勞無功嗎？況且打獵是狩獵官員管轄的事，請您去問問他們吧。我只是個趕路的人，並沒有犯什麼罪過啊？再說，即使我愚蠢，也不會連狼都認不清楚啊！狼的本性又貪婪又狠毒，跟豺結伴害人，若是您能除掉牠，我本來還應當盡一點微薄的力量幫忙，怎麼可能會隱瞞牠的去向，而刻意不向您稟告呢！」趙簡子聽了以後，默不作聲，掉頭就走了。東郭先生趕緊拉著驢子，用加倍的速度離去。

過了許久，趙簡子一行人漸漸遠去，車馬的聲音也都聽不見了。狼估計趙簡子走遠了，就在口袋裡說：「先生留心了。快把我從口袋裡放出來，解開我身上這些繩子，拔掉我胳膊上的箭，我要走了。」東郭先生解開口袋，把狼放了出來。狼嘶吼著對東郭先生叫說：「剛才我被那群獵人追趕，他們來得太快，多虧先生救了我一命。可是現在我餓極了，餓的時候如果沒有東西吃，最終也是死路一條罷了。與其在路上餓死，或是被其他的野獸吃掉，還不如剛剛就被獵人打死，作為貴族的食物。先生既然是墨家學說的信徒，勞碌奔波受盡了辛苦，為天下人謀福利，何必捨不得把身體送給我吃，成全我這條小命呢？」狼說著，就張牙舞爪，要向東郭先生撲去。

東郭先生急忙赤手空拳的跟狼格鬥，邊打邊退，還用驢子作掩護，圍著驢子打轉。東郭先生極力抵抗，狼始終也占不到上風，雙方鬥得都很疲倦，隔著驢子大口喘氣。東郭先生大叫著：「你這隻狼對不起我！對不起我！」狼說：「我也不是故意要對不起你，只是老天爺生下你們這樣的人，本來就是要給我們吃的啊！」雙方僵持了許久，太陽逐漸西斜。東郭先生心裡盤算著：這天色漸晚了，如果再有狼成群結隊而來，鐵定小命不保！就騙狼說：「按照民間的習慣，有疑難雜事一定要請教三位老者。不如我們現在去找三位老者問問此事，如果他們認為我該被吃，那我心甘情願，你就把我吃掉；如果他們認為我不該被吃，那你就不能吃了。」狼聽了很高興，就答應跟東郭先生一同往前找老者詢問。

過了一會兒，路上都沒看見行人。狼饞得很，這時看見路旁有一棵老樹，狼對東郭先生說：「問問這位老者吧。」東郭先生說：「草木什麼也不懂，問它有什麼用啊！」狼說：「你只管去問，它一定也有它的看法的。」東郭先生沒辦法，只得恭恭敬敬的對老樹作揖，將事情的來龍去脈述說了一遍，然後問樹：「就是這樣，您認為狼應該吃掉我嗎？」

只聽老樹的樹幹裡傳出轟轟的聲音，對著東郭先生說：「我是一棵很老的杏樹啊。從前老園丁種我時，只用了一顆杏核罷了。過了一年開了花，再過一年結了果，三年就長得有兩手手指握起來那麼粗，十年的時間就有兩手合抱那麼粗了，到現在已經過了二十年了。這些年來，老園丁吃我的果實，他的老婆、孩子也吃我的果實，甚至賓客、傭人，都吃我的果實。還把我的果實拿到市場上去賣，賺取了利潤，我對老園丁的功勞實在很大。但現在我老了，只開花結不了果了，老園丁大發脾氣，砍掉我的枝幹，剪去枝葉，還打算把我賣到木材行裡換錢！唉，像我這樣，到了晚年，沒用了，希望能躲過大斧頭的砍伐也是不可能的了。你對狼有什麼恩德啊，妄想牠放過你？照我看來，狼應該馬上吃掉你才是啊！」

聽了老杏樹這番話，狼張牙舞爪，就想衝向東郭先生。東郭先生急忙說：「喂，你失信啊！當初約定請教三位老者的，現在只遇到一棵老杏樹，怎麼就馬上要吃我呢？」狼只得再繼續跟東郭先生一道往前走。

狼越發性急了，看見一頭老母牛靠著破牆在曬太陽，就對東郭先生說：「再問問這位老者吧。」東郭先生說：「剛才那草木不懂道理，胡說一通，險些壞了大事。如今這頭牛不過是隻畜牲，去問牠做什麼？」狼說：「你只管去問牠，不問，那我現在就吃掉你。」東郭先生沒有辦法，只好很有禮貌的對老牛拱了拱手，再把事情從頭到尾說了一遍，然後請教牠的意見。

老母牛皺著眉頭，瞪著眼睛看他，又舔舔鼻子，終於張嘴對東郭先生說：「老杏樹說的沒錯啊。想當初，我是小牛的時候，身強力壯，氣力很大，老農只用賣掉一把刀的價錢就換得了我。一開始我協助別的牛耕地，等到我長大了，其他的牛則是一天天衰老疲憊，後來漸漸的所有工作都由我來擔當。他要趕車，我就低下頭來拉車，選擇近路迅速的奔跑到目的地；他要耕田了，我就到郊外去為他拉犁開荒。老農依靠我工作，就像依靠他的左右手一樣重要。吃的穿的要靠我來供給，結婚成家要靠我來完成，田租稅款要靠我的工作來交納，穀倉裡的糧食也都是我來填滿囤積。我也相信，我死後就只能像馬和狗一樣，頂多就是得到一張席子來埋葬吧。過去他家裡一擔糧食的積蓄也沒有，如今光麥子的收藏就多到十斛了；過去窮困潦倒，誰也瞧不起他，如今他在村社裡卻大搖大擺，氣焰十分囂張；過去他家的酒杯和酒缸空空蕩蕩堆積灰塵，他嘴唇發燥，大半輩子都沒有嘗過酒味，如今釀著酒，就拿著酒樽在妻妾面前放縱擺闊了；過去他穿著粗布短衣，經常混在泥巴堆裡，兩手也不懂得要打躬作揖，也不識得詩書文章，如今卻捧著村塾先生的《兔園冊》這樣的啟蒙教本裝學問，戴著帽子，束著皮腰帶，穿寬大的衣服。他家的每一寸絲，每一粒糧，豈不都是靠我的力氣換來的啊。但是現在他嫌我年老力衰了，甚至把我趕到荒蕪的郊外。冷冽的風刺得我眼睛發疼，在寒冷中，我只能對著自己的影子傷心。我骨瘦如柴，老淚縱橫，口水無法控制的直流，四肢忍不住連連顫抖，想抬動一下都十分困難。我全身的毛都掉光了，皮肉潰爛始終無法康復。老農的老婆還要害我，十分凶狠，一天到晚慫恿老農說：『這牛身上的東西都有用處呢。不但肉可以作肉乾，皮可以製革，連骨頭和角也可以磨製成器皿。』又指著他的大兒子問：『你在廚師那學習手藝這麼多年了，怎麼不快把屠刀磨利好準備宰牛呢？』這種種跡象，都對我不利啊，我連自己會死在什麼地方都不知道呢！我有這樣大的功勞，他們卻對我如此無情無義，我不久後就要大禍臨頭了。而你對狼有什麼恩德呢，卻妄想牠能赦免你！」

聽了老牛這番話，狼又張牙舞爪，想要撲向東郭先生。東郭先生連忙阻止說：「不要急啊！不要急啊！」就在這時，遠遠望見一個老人拄著藜杖過來，他鬍鬚和眉毛像雪一般白，穿著打扮十分文雅。看樣子，大概是個很有德行的人。東郭先生又驚又喜，連忙撇開狼迎上前去，他跪在地上，邊拜邊哭的對老人說：「求求您說句公道話，救救我的命啊！」老人問他原因，東郭先生回答：「這條狼被打獵的人追趕，急著向我求救。我冒著危險救了牠，牠卻反而要吃掉我，我竭力的懇求他也沒用，看來，我的性命不保了。我沒有辦法，想要稍微拖延時間，就跟牠約定要請教三位老者來辨明是非。一開始遇到一棵老杏樹，狼強迫我去問它，那草木不懂道理，它的一番話差點害我沒命。後來遇到一頭老母牛，狼又逼著我去問牠，那畜牲哪裡懂事，牠的一番話又差點送了我的命。現在遇到您，看來老天爺並沒有要絕我這書生的命！懇請您說句公道話，救救我的命吧！」說著，就連連磕頭，趴在地上聽候老人回應。

老人聽完這件事的始末，再三嘆氣，用藜杖敲打著狼說：「你大錯特錯，人家對你有恩，你卻背叛他要吃他，再沒有比這更不吉利的事了。儒家認為，受了別人的恩惠而不會負義的人，作兒子也必定會孝順父母；又說，即使是虎狼，也應該懂得父子間的情義。現在你卻忘恩負義到這種程度，那就是連父子的情義也沒有了。」說完大聲斥喝：「狼，快滾開！不然，我就用藜杖打死你！」

狼趕緊說：「您只知道一面的說辭，而不知道另一面。也請讓我訴說這件事，希望您能聽一聽後再決定。當初，先生救我的時候，捆住我的腳，把我裝進口袋裡，上面還用書本壓著，我彎著身子，連口氣也不敢出。他又用那麼多話去矇騙趙簡子，大概是想把我悶死在口袋裡，獨占好處吧。這樣的人我怎麼能不吃掉他呢？」老人回過頭來又對東郭先生說：「如果真是這樣，那你也有不對了啊。」東郭先生不服氣，把他如何辛苦的往口袋裡裝狼、如何為牠著想的種種情況，詳詳細細的說明一番。狼也在一旁不停的狡辯，企圖反駁東郭先生。

老人說：「你們這些話都不能說服我，讓我相信。不妨這樣吧，再把狼裝進口袋裡，我看看牠的樣子是不是真的很難受。」狼高興的表示願意聽從這個安排，於是把腳伸給東郭先生，東郭先生又把狼捆好，裝進口袋裡，用肩扛到驢背上。狼此時還不明白老人的用意，老人貼著東郭先生的耳朵，悄聲的問：「你有匕首嗎？」東郭先生回答有，拿了出來。老人用目光示意東郭先生拿匕首刺殺狼，東郭先生問：「這樣不是就害死狼了嗎？」老人笑說：「禽獸忘恩負義到這種地步，你還不忍心殺牠，固然是個很仁慈的人，但也太愚昧了！跳下井去搭救別人，還脫下自己的衣服去拯救受凍的朋友，這對被救的人當然很好，但若是自己就要陷入死地時又該怎麼辦呢？先生大概就是這一類人吧，仁慈到了愚蠢的程度，君子可不會贊同這樣啊！」老人說罷哈哈大笑，東郭先生也笑了，老人動手幫助東郭先生，一同將狼殺死，丟在路上走了。

◈趙簡子大獵於中山，虞人道前，鷹犬羅後。捷禽鷙獸，應弦而倒者不可勝數。有狼當道，人立而啼。簡子垂手登車，援烏號之弓，挾肅慎之矢，一發飲羽，狼失聲而逋。簡子怒，驅車逐之，驚塵蔽天，足音鳴雷，十步之外，不辨人馬。

時墨者東郭先生將北適中山以干仕，策蹇驢，囊圖書，夙行失道，望塵驚悸。狼奄至，引首顧曰：「先生豈有志於濟物哉？昔毛寶放龜而得渡，隋侯救蛇而獲珠。龜蛇固弗靈於狼也。今日之事，何不使我得早處囊中，以苟延殘喘乎？異時倘得脫穎而出，先生之恩，生死而肉骨也。敢不努力以效龜蛇之誠！」

先生曰：「嘻！私汝狼，以犯世卿、忤權貴，禍且不測，敢望報乎？然墨之道，『兼愛』為本，吾終當有以活汝。脫有禍，固所不辭也。」乃出圖書、空囊橐，徐徐焉實狼其中，前虞跋胡，後恐疐尾，三納之而未克。

徘徊容與，追者益近。狼請曰：「事急矣！先生固將揖遜救焚溺，而鳴鑾避寇盜耶？惟先生速圖！」乃跼蹐四足，引繩而束縛之，下首至尾，曲脊掩胡，蝟縮蠖屈，蛇盤龜息，以聽命先生。先生如其指，納狼於囊。遂括囊口，肩舉驢上，引避道左，以待趙人之過。

已而簡子至，求狼弗得，盛怒。拔劍斬轅端示先生，罵曰：「敢諱狼方向者，有如此轅！」先生伏躓就地，匍匐以進，跽而言曰：「鄙人不慧，將有志於世，奔走遐方，自迷正途，又安能發狼蹤，以指示夫子之鷹犬也！然嘗聞之，『大道以多歧亡羊』。夫羊，一童子可制之，如是其馴也，尚以多歧而亡；狼非羊比，而中山之歧，可以亡羊者何限？乃區區循大道以求之，不幾於守株緣木乎？況田獵，虞人之所事也，君請問諸皮冠；行道之人何罪哉？且鄙人雖愚，獨不知夫狼乎？性貪而狠，黨豺為虐，君能除之，固當窺左足以效微勞，又肯諱之而不言哉？」簡子默然，回車就道。先生亦驅驢兼程而進。

良久，羽旄之影漸沒，車馬之音不聞。狼度簡子之去遠，而作聲囊中曰：「先生可留意矣！出我囊、解我縛、拔矢我臂，我將逝矣。」先生舉手出狼。狼咆哮謂先生曰：「適為虞人逐，其來甚速，幸先生生我。我餒甚，餒不得食，亦終必亡而已。與其飢死道路，為群獸食，毋寧斃於虞人，以俎豆於貴家。先生既墨者，摩頂放踵，思一利天下，又何吝一軀啖我，而全微命乎？」遂鼓吻奮爪以向先生。

先生倉卒以手搏之，且搏且卻，引蔽驢後，便旋而走。狼終不得有加於先生，先生亦極力拒，彼此俱倦，隔驢喘息。先生曰：「狼負我！狼負我！」狼曰：「吾非固欲負汝，天生汝輩，固需我輩食也。」相持既久，日晷漸移。先生竊念：「天色向晚，狼復群至，吾死矣夫！」因紿狼曰：「民俗，事疑必詢三老。第行矣，求三老而問之。苟謂我可食，即食；不可，即已。」狼大喜，即與偕行。

踰時，道無人行。狼饞甚，望老木僵立路側，謂先生曰：「可問是老。」先生曰：「草木無知，叩焉何益？」狼曰：「第問之，彼當有言矣。」先生不得已，揖老木，具述始末。問曰：「若然，狼當食我邪？」

木中轟轟有聲，謂先生曰：「我杏也，往年老圃種我時，費一核耳。踰年華，再踰年實，三年拱把，十年合抱，至於今二十年矣。老圃食我，老圃之妻子食我，外至賓客，下至於僕，皆食我；又復鬻實於市，以規利於我，其有功於老圃甚巨。今老矣，不得斂華就實，賈老圃怒，伐我條枚、芟我枝葉，且將售我工師之肆，取直焉。噫！樗朽之材、桑榆之景，求免於斧鉞之誅而不可得。汝何德於狼。乃覬免乎？是固當食汝。」

言下，狼復鼓吻奮爪以向先生。先生曰：「狼爽盟矣！矢詢三老，今值一杏，何遽見迫耶？」復與偕行。

狼愈急，望見老牸，曝日敗垣中，謂先生曰：「可問是老。」先生曰：「嚮者草木無知，謬言害事。今牛禽獸耳，更何問為？」狼曰：「第問之。不問，將咥汝！」先生不得已，揖老牸，再述始末以問。

牛皺眉瞪目，舐鼻張口，向先生曰：「老杏之言不謬矣。老牸繭栗少年時，筋力頗健。老農賣一刀以易我，使我貳群牛事南畝。既壯，群牛日以老憊，凡事我都任之：彼將馳驅，我伏田車，擇便途以急奔趨；彼將躬耕，我脫輻衡，走郊坰以闢榛荊。老農親我，猶左右手。衣食仰我而給、婚姻仰我而畢、賦稅仰我而輸、倉庾仰我而實。我亦自諒，可得帷席之蔽，如狗馬也。往年家儲無儋石，今麥收多十斛矣；往年窮居無顧藉，今掉臂行村社矣；往年塵卮罌、涸脣吻，盛酒瓦盆半生未接，今醞黍稷、據尊罍，驕妻妾矣；往年衣短褐、侶木石、手不知揖、心不知學，今持《兔園冊》、戴笠子、腰韋帶、衣寬博矣。一絲一粟，皆我力也。顧欺我老弱，逐我郊野；酸風射眸，寒日弔影；瘦骨如山，老淚如雨；涎垂而不可收，足攣而不可舉；皮毛具亡，瘡痍未瘥。老農之妻妒且悍，朝夕進說曰：『牛之一身，無廢物也：肉可脯，皮可鞟，骨角且切磋為器。』指大兒曰：『汝受業庖丁之門有年矣，胡不礪刃硎以待？』跡是觀之，是將不利於我，我不知死所矣！夫我有功，彼無情乃若是，行將蒙禍。汝何德於狼，覬倖免乎？」

言下，狼又鼓吻奮爪以向先生，先生曰：「毋欲速！」遙望老子杖藜而來，鬚眉皓然，衣冠閒雅，蓋有道者也。先生且喜且愕，舍狼而前，拜跪啼泣，致辭曰：「乞丈人一言而生。」丈人問故，先生曰：「是狼為虞人所窘，求救於我，我實生之。今反欲咥我，力求不免，我又當死之，欲少延於片時，誓定是於三老。初逢老杏，強我問之，草木無知，幾殺我；次逢老牸，強我問之，禽獸無知，又幾殺我。今逢丈人，豈天之未喪斯文也。敢乞一言而生。」因頓首杖下，俯伏聽命。

丈人聞之，欷歔再三，以杖叩狼曰：「汝誤矣！夫人有恩而背之，不祥莫大焉。儒謂受人恩而不忍背者，其為子必孝，又謂虎狼知父子。今汝背恩如是，則併父子亦無矣！」乃厲聲曰：「狼速去！不然，將杖殺汝！」

狼曰：「丈人知其一，未知其二，請愬之，願丈人垂聽。初，先生救我時，束縛我足，閉我囊中，壓以詩書，我鞠躬不敢息。又蔓詞以說簡子，其意蓋將死我於囊，而獨竊其利也。是安可不咥？」丈人顧先生曰：「果如是，羿亦有罪焉！」先生不平，具狀其囊狼憐惜之意。狼亦巧辯不已以求勝。

丈人曰：「是皆不足以執信也。試再囊之，我觀其狀，果困苦否？」狼欣然從之。信足先生，先生復縛置囊中，肩舉驢上，而狼未之知也。丈人附耳謂先生曰：「有匕首否？」先生曰：「有。」於是出匕。丈人目先生，使引匕刺狼。先生曰：「不害狼乎？」丈人笑曰：「禽獸負恩如是，而猶不忍殺。子固仁者，然愚亦甚矣！從井以救人，解衣以活友，於彼計則得，其如就死地何？先生其此類乎？仁陷於愚，固君子之所不與也。」言已大笑，先生亦笑。遂舉手助先生操刃，共殪狼，棄道上而去。

關於〈中山狼傳〉

這是一個流傳已久的民間故事，關於作者有眾多說法，比較可能的推測是明人馬中錫（1446～1512）依據前人作品改寫而成，並收入自己的《東田文集》。其學生康海則據此寫了《中山狼》雜劇。

老虎外婆

出自：《廣虞初新志——虎媼傳》

有個人跟我說了一個跟老虎有關的故事，他說，歙縣的叢山峻嶺中有很多老虎，母老虎老了以後經常會變成人去害人。

有一天，一個住山裡的農夫叫女兒提一籃棗子，去探望外婆。外婆家有六里多遠，女孩十歲的弟弟也跟著同行，兩姊弟一起前往。太陽下山時，他們迷了路，遇到一位老太婆。這老太婆問：「你們兩個要到哪兒去啊？」姊弟們回答說：「我們要去外婆家。」老太婆又說：「我就是你們的外婆啊。」兩個孩子說：「我記得媽媽曾對我們說過：『母親的臉上有七顆黑痣。』老太太您不像是我們的外婆啊。」老太婆反駁說：「我是啊，只是剛才簸米篩糠的時候給蒙上了一層灰塵，我這就去洗洗。」於是就到了溪溝邊，撿了七顆螺獅的眼蓋貼在臉上。她走過來又問兩個小孩子：「看見黑痣了嗎？」這兩姊弟相信了，便跟著老太婆走。

他們進入了漆黑的森林裡，穿過了狹窄的林道，終於到了一個住所，外觀好像巢穴一樣。老太婆說：「你們的外公正在召集木匠選擇木料，準備另外蓋一間屋子，所以我們暫時先住在這兒。我事先沒料到你們兩個會來，老人家怠慢你們了。」說著就草草地做了晚餐，吃完晚餐，就要早早就寢。老太婆問：「你們兩個誰胖一些啊？胖點的那個可以枕著我，睡在我的懷中。」弟弟說：「我比較胖。」於是弟弟就枕著老太婆睡，女孩則睡在老太婆的腳邊。

才剛睡下，女孩發覺老太婆身上有毛，疑惑地問：「這是什麼？」老太婆回答說：「這是妳外公的破羊毛襖。天氣這麼嚴寒，穿著它睡會暖和一些。」半夜裡，女孩聽見嚼食的聲音，又問：「這又是什麼聲音？」老太婆說：「我在吃妳送來的棗啊。這夜晚又冷又長，我年紀大了耐不住餓。」女孩說：「我也餓了。」於是老太婆遞給女孩一顆棗，女孩一看，這棗明明是一根冰冷的人指。女孩大驚，卻鎮定地起身說：「我要去上廁所。」老太婆說：「這深山裡很多老虎，我怕妳會被老虎吃掉，還是小心些，不要起來到處亂走。」女孩卻說：「不然您用繩子綁著我的腳，危急時就趕快拉我回來。」老太婆答應了，於是就用繩子繫著女孩的腳，再握著繩的另一端。女孩於是趕快起身，拖著繩子走出去，在月光下女孩看出這繩子竟是條腸子。女孩急忙解開腸繩，爬到樹上躲起來。

老太婆在樹下等了很久，不停的叫喚女孩，但女孩都沒有回應，她又大叫：「小女孩回來啊，要聽老人家的話，不要受了風寒，明天抱病回去，妳母親還要怪我不會照顧妳。」於是老太婆拉了拉腸繩，腸繩拉完了，女孩還是沒有回來。老太婆哭吼著起身，邊跑邊吼叫，彷彿看見那女孩在樹上，老太婆繼續喊她下來，她還是不應聲，老太婆在樹下恐嚇她說：「這樹上有老虎。」女孩說：「樹上總比床上好！妳才是真老虎，竟然忍心吃掉我弟弟！」老太婆無計可施，只能憤而離去。

沒多久後天亮了，有個挑擔的人從樹旁經過。女孩呼救：「求求你救救我，這裡有老虎。」挑擔的人便將衣服蒙在樹上，急忙背著女孩逃走了。過了一會兒，老太婆帶兩隻老虎回來，指著樹上說：「人就在這裡。」這兩隻老虎折斷了樹莖，卻只看見一件衣服披在樹上，以為老太婆故意捉弄自己，兩隻老虎大怒，一起咬死了老太婆而去。

◈有為予談虎者云：歙居萬山中多虎，其老而牝者，或為人以害人。有山氓使其女攜一筐棗，問遺其外母，外母家去六里所。其稚弟從，年皆十餘，雙雙而往。日暮迷道，遇一嫗問曰：「若安往？」曰：「將謁外祖母家也。」嫗曰：「吾是矣。」二孺子曰：「兒憶母言，母面有黑子七，婆不類也。」曰：「然。適簸糠蒙於塵，我將沐之。」遂往澗邊拾螺者七，傳於面。走謂二孺子曰：「見黑子乎？」信之，從媼行。

自黑林穿窄徑入。至一室如穴，媼曰：「而公方鳩工擇木，別構為堂，今暫棲於此。不期兩兒來，老人多慢也。」草具夕餐。餐已，命之寢。媼曰：「兩兒誰肥？肥者枕我而撫於懷。」弟曰：「余肥。」遂枕媼而寢，女寢於足。

既寢，女覺其體有毛。曰：「何也？」媼曰：「而公敝羊裘也。天寒，衣以寢耳。」夜半聞食聲，女曰：「何也？」媼曰：「食汝棗脯也。夜寒且永，吾年老不忍飢。」女曰：「兒亦飢。」與一棗，則冷然人指也。女大駭起曰：「兒如廁。」媼曰：「山深多虎，恐遭虎口，慎勿起。」女曰：「婆以大繩繫兒足，有急則曳以歸。」媼諾，遂繩繫其足，而操其末。女遂起，曳繩走。月下視之，則腸也。急解去，緣樹上避之。

媼俟久，呼女不應。又呼曰：「兒來，聽老人言毋使寒風中膚。明日以病歸，而母謂我不善顧爾也。」遂曳其腸，腸至而女不至。媼哭而起，走且呼，彷彿見女樹上。呼之下不應，媼恐之曰：「樹上有虎。」女曰：「樹上勝席上也，爾真虎也，忍啖吾弟乎！」媼大怒去。

無何曙，有荷擔過者，女號曰：「救我，有虎！」擔者乃蒙其衣於樹，而載之疾走去。俄而媪率二虎來，指樹上曰：「人也。」二虎折樹，則衣也。以媪為欺己怒，共咋殺媪而去。

關於《廣虞初新志》

清代筆記故事集，仿張潮《虞初新志》的體例，收輯當時的故事。編者黃承增，生卒年不詳。本篇的作者署名黃之雋（1668-1748），康熙時的人。〈老虎外婆〉情節類似《格林童話》的〈小紅帽〉，但年代較早，是中國最早有紀錄的「獸外婆型」故事。

神蟒擔生

出自：《廣異記》

唐朝有個書生，某天在路上遇到一條小蛇。因為覺得樣子可愛，一時之間起了憐愛之心，書生乾脆將牠帶回家。過了幾個月，蛇越長越大，書生日日將小蛇帶在身邊，給牠起了個名，叫「擔生」。後來小蛇越長越大，沒多久，書生沒法帶著牠了，只得將之放生在范縣東方的大澤中。

過了四十多年，那條蛇長成了一條巨蟒，大家紛紛稱牠「神蟒」，牠在大澤中興風作浪，常常吞食往來澤中的人。書生那時已經老了，剛好有事需要路過這座大澤，別人都勸阻他：「大澤中有神蟒，會吃人的，你別去吧。」當時正值寒冬臘月，書生認為蛇也是需要冬眠的，這時候怎麼可能出來吃人？於是執意前往。

船行進了二十多里後，水中猛地竄出一條巨蟒，張開大口準備吃人，書生還記得那條蛇的模樣，看清巨蟒的模樣後，驚訝地大聲說：「你不是我的擔生嗎？」蛇聽了書生的話，竟然低下腦袋，在船邊徘徊良久才離去。書生安然無恙地回到了范縣後，大家都很驚訝，縣令聽說了這件事，認為別人經過都被巨蟒吃掉，書生卻能見蛇不死，平安無事，一定是個妖人，馬上把書生抓進牢裡，判了他死刑。

書生在獄中忿忿不平地說：「擔生啊，我親手養大了你，結果卻讓我蒙受冤屈，如今將死，這也太捉弄人了吧！」當晚，巨蛇在大澤中肆意翻騰，水淹了沒了整個范縣，平地變為了湖泊，只有書生所在的牢獄倖免於難。書生也因此得以活命。

天寶末年，有個叫獨孤暹的人，他舅舅是范縣縣令，三月三日與家人在湖中泛舟時，船無緣無故翻覆了，家人好幾次都差點淹死。

◆昔有書生，路逢小蛇，因而收養。數月漸大，書生每自擔之，號曰「擔生」。其後不可擔負，放之范縣東大澤中。

四十餘年，其蛇如覆舟，號為「神蟒」。人往於澤中者，必被吞食。書生時以老邁，途經此澤畔，人謂曰：「中有大蛇食人，君宜無往。」時盛冬寒甚，書生謂冬月蛇藏，無此理，遂過大澤。

行二十里餘，忽有蛇逐，書生尚識其形色，遙謂之曰：「爾非我擔生乎？」蛇便低頭，良久方去。回至范縣，縣令問其見蛇不死，以為異，繫之獄中，斷刑當死。書生私忿曰：「擔生，養汝翻令我死，不亦劇哉！」其夜，蛇遂攻陷一縣為湖，獨獄不陷，書生獲免。天寶末，獨孤暹者，其舅為范令，三月三日與家人於湖中泛舟，無故覆沒，家人幾死者數四也。

關於《廣異記》

唐代筆記故事集。作者戴孚，生平不詳，本書記錄當時傳聞，內容涉及神仙、法術、公案、鬼怪、因果、奇遇等故事。本書上承六朝志怪，對唐傳奇小說創作有深遠影響。原書已散佚，《太平廣記》中保留了大部分故事。

第二部　訪仙求道，法術幻術

如果能解脫死亡、長生不老，
身負變幻自如的奇妙法術，
現世的不如意，似乎再也沒那麼難以忍受……

洞穴內的仙館玉漿

出自：《搜神後記》

嵩山北面有一個深不見底的洞穴，沒人知道它有多深。老百姓逢年過節就會到那兒遊覽。晉朝初年時，有個人不小心掉進洞裡，人們希望他沒有死，丟一些食物進去，想維持他的生命。掉下去的人得到了食物填飽肚子，就沿著洞走，希望能尋找出路。大概走了十多天，終於見到了光明，他看見一座草屋，屋中有兩個人相對而坐，正在下圍棋，棋局旁有一杯可以飲用的白色飲料。掉下去的人告訴這兩人自己又飢又渴，下棋的人便說：「你可以喝了這杯。」掉下去的人便喝了，馬上覺得增加了十倍力氣。下棋的人問他：「你想留在這裡嗎？」掉下去的人表示不想留下來，下棋的人便告訴他：「從這裡往西邊走，會遇到一個天井，裡頭有很多蛟龍，只要你跳進井裡，自然能夠出去。如果餓了，就拿井裡的東西吃。」掉下去的人就照著他所說的路走。大約半年後，他居然從四川出來了！他回到洛陽，請問懂得這方面事情的朋友張華，張華說：「你遇到的是仙館大夫，所喝的是玉漿，吃的則是龍穴石髓。」

◈嵩高山北有大穴，莫測其深，百姓歲時遊觀。晉初，嘗有一人誤墮穴中，同輩冀其儻不死，投食於穴中。墜者得之，為尋穴而行。計可十餘日，忽然見明，又有草屋，中有二人對坐圍棊，局下有一杯白飲。墜者告以飢渴，棊者曰：「可飲此。」墜者飲之，氣力十倍。棊者曰：「汝欲停此否？」墜者曰：「不願停。」棊者曰：「從此西行，有天井，其中多蛟龍。但投身入井，自當出。若餓，取井中物食。」墜者如言。半年許，乃出蜀中。歸洛下，問張華，華曰：「此仙館。大夫所飲者，玉漿也；所食者，龍穴石髓也。」

迷幻的天台仙女

出自：《幽明錄》

漢明帝永平五年時，剡縣人劉晨、阮肇一起進天台山裡採集樹皮，在山裡迷了路。過了十三天，糧食都吃完了，他們又飢餓又疲憊，性命垂危。這時遠遠看見山上有一棵桃樹，結了許多果實，但山壁上的岩石陡峭，溪谷又深，看不到可以攀登的路。於是他們攀著樹藤與草木，費了很大的力氣，才摘到桃子，劉晨和阮肇各吃了幾個，這才止住飢餓，補充了體力。兩人接著又到溪谷邊，拿杯子舀水，想盥洗漱口，卻看見有新鮮的蕪菁葉子從山中緩緩流下來，接著又有一個杯子漂過來，裡面還有芝麻飯粒。他們想：「這些東西表示我們離有人煙的地方不遠了。」於是一起潛入溪水中，逆流而上兩三里，穿過了山，出現一條大溪。溪邊有兩個女子，姿色氣質十分出眾。她們看見兩人拿著杯子出現，便笑說：「劉、阮兩位郎君，拿來了剛才我們不小心被沖走的杯子。」

劉晨、阮肇非常驚訝，他們並不認識這兩位女子，但女子居然知道他們的姓，好像對他們非常熟悉，兩人非常的開心。女子邀請他們回家，還問他們：「怎麼來得這麼晚？」

她們的住家是瓦片屋，南面和東面的牆壁下各有一張大床，都掛著絳紅色的羅帳，帳子的邊角上掛著鈴鐺，金色、銀色參差錯落，非常華麗。床頭還各站著十名服侍的婢女。兩個女子吩咐說：「劉郎和阮郎跋山涉水而來，剛才雖吃了些仙桃，還是又餓又累，妳們快做些吃的來。」婢女們於是端出芝麻飯、山羊肉乾、牛肉許多美食，都非常美味。吃完後又接著行酒令，有一群女子進來，每個人拿著三五個桃子，笑著說：「我們來慶賀妳們的夫婿到來。」酒酣耳熱時開始奏樂，劉晨和阮肇又害怕又開心。到了晚上，兩個女子請他倆一人進一個帳子休息，聲音語調清秀溫婉，陪著他們，叫人忘記了憂愁。

十天後，劉晨和阮肇想要回家了，女子說：「你們能來到這裡，是前世的福份，為什麼想回去呢？」於是他們又多停留了半年。等到了春天，氣候溫暖、草木茂盛，聽到百鳥鳴叫，他們更加悲傷且思念家鄉，苦苦請求女子讓他們回去。女子說：「真是沒有辦法，塵世的罪孽還羈絆著兩位郎君啊。」於是叫來以前來過的女子，共三四十人，集會奏樂，一起送別劉晨和阮肇，告訴他們回家的路。

返鄉後，兩人發現親人朋友早已過世，城市房屋也變得不同，完全見不到相識的人。詢問查訪了一番，才找到了他們的七世孫，七世孫只聽說過祖先進山，迷了路沒有回來，其他的就一概不知了。到了晉太元八年，劉晨、阮肇又再度離開，不知道到哪裡去了。

◈漢明帝永平五年，剡縣劉晨、阮肇共入天台山取穀皮，迷不得返，經十三日，糧食乏盡，飢餒殆死。遙望山上有一桃樹，大有子實，而絕岩邃澗，永無登路。攀援藤葛，乃得至上，各啖數枚，而飢止體充。復下山，持杯取水，欲盥漱，見蕪菁葉從山腹流出，甚鮮新，復一杯流出，有胡麻飯糝，相謂曰：「此知去人徑不遠。」便共沒水，逆流二三里，得度山出一大溪。溪邊有二女子，姿質妙絕，見二人持杯出，便笑曰：「劉、阮二郎，捉向所失流杯來。」

晨、肇既不識之，緣二女便呼其姓，如似有舊，乃相見忻喜。問：「來何晚邪？」因邀還家。其家筒瓦屋，南壁及東壁下各有一大床，皆施絳羅帳，帳角懸鈴，金銀交錯。床頭各有十侍婢，敕云：「劉、阮二郎，經涉山岨，向雖得瓊實，猶尚虛弊，可速作食。」食胡麻飯、山羊脯、牛肉甚甘美。食畢行酒，有一群女來，各持五三桃子，笑而言：「賀汝婿來。」酒酣作樂，劉、阮忻怖交並。至暮，令各就一帳宿，女往就之，言聲清婉，令人忘憂。

十日後，欲求還去，女云：「君已來是，宿福所牽，何復欲還邪？」遂停半年。氣候草木是春時，百鳥啼鳴，更懷悲思，求歸甚苦。女曰：「罪牽君，當可如何？」遂呼前來女子有三四十人，集會奏樂，共送劉、阮，指示還路。

既出，親舊零落，邑屋改異，無復相識。問訊得七世孫，傳聞上世入山，迷不得歸。至晉太元八年，忽復去，不知何所。

關於《幽明錄》

六朝志怪故事集。南朝宋劉義慶（403～444）撰，書中多記鬼神靈怪之事。原書已佚，最後由魯迅重新校訂前人集本重新輯錄。

柏枕幻夢

出自：《幽明錄》

焦湖廟中掌管香火祭祀的廟祝，擁有一個柏木枕，已經三十多年了，枕頭後面有一個裂開的小孔。

有個叫楊林的縣民，出外經商時經過廟宇，便前去祈福。廟祝問說：「您結婚了嗎？可以到柏枕的裂口邊來。」他讓楊林進入裂孔中。楊林進去後看見了朱漆大門、玉砌的宮殿和亭台，比人世間的宮殿還要華麗。他拜見了趙太尉，太尉給楊林作主成婚，他生養了四男二女，共六個孩子。後來楊林被選為秘書郎中，不久又升遷為黃門侍郎。楊林在柏枕中，過了很久都沒有想回去的念頭，不久即遭逢不順遂的事。

廟祝於是叫楊林出來，他才又看見了先前的柏木枕。楊林自認為在枕裡經歷了好幾年，但實際上只過了一會兒而已。

◈焦湖廟祝有柏枕，三十餘年，枕後一小坼孔。縣民湯林行賈，經廟祈福，祝曰：「君婚姻未？可就枕坼邊。」令林入坼內，見朱門、瓊宮、瑤台，勝於世見。趙太尉為林婚，育子六人，四男二女，選林秘書郎，俄遷黃門郎。林在枕中，永無思歸之懷，遂遭違忤之事。祝令林出外間，遂見向枕，謂枕內歷年載，而實俄忽之間矣。

有此一說

《幽明錄》中記載的許多篇目，都成為後世文人創作取材的泉源。唐代沈既濟的傳奇《枕中記》、元代馬致遠的雜劇《邯鄲道省悟黃粱夢》、明代湯顯祖的傳奇《邯鄲夢》，以及清代蒲松齡的《續黃粱》等，都是繼承了《幽明錄》中「柏枕幻夢」此篇的題材。而唐代張鷟的《遊仙窟》，元代王子一的雜劇《劉晨阮肇誤入桃花源》，則是以劉晨、阮肇誤入桃源仙界的故事為本，許多詩詞中也可見到兩人的名字，成為典故由來。

陽羨書生

出自：《續齊諧記》

陽羨地方有一個名叫許彥的人，某日挑著鵝籠經過綏安山下，遇到一個大概十七、八歲的書生躺在路邊，說自己腳痛，拜託許彥讓他坐到鵝籠裡。許彥以為書生在開玩笑，沒想到書生一下子就鑽進了籠子。而且奇怪的是，書生沒有變小，鵝籠也沒有變得寬大，他卻可以很自在的和兩隻鵝坐在籠子裡，鵝也沒有因此感到驚慌，甚至連許彥背著籠子走時，也不覺得重。

繼續走了一段路後，許彥到一棵樹下休息。書生從鵝籠出來，對許彥說：「我想準備一些酒菜來回報你。」許彥說：「好啊。」書生便從口中吐出一個精巧的食盒，裡頭有各式各樣的美食，都盛裝在銅製的器皿中，香氣四溢，世間少見。喝了好幾杯酒之後，書生對許彥說：「我帶了一名女子同行，想邀請她來共享。」許彥說：「好啊。」書生就又從口中吐出一個約十五、六歲的女子，不但衣著華麗，容貌也豔麗奪目。三人於是一起飲酒談笑。

不久，書生喝醉睡著了，女子對許彥說：「我雖然和書生結為夫妻，但心裡卻有別人，偷偷帶了一個男人同行，既然書生睡了，想要暫時叫他出來，拜託您不要說出去。」許彥說：「好的。」女子也吐出一個約二十三、四歲，長得聰明可愛的男人，他大方的對許彥招呼問候。過了一會兒，眼看書生就要醒來，女子趕緊吐出一座精緻華美的屏風遮蔽情人，書生醒來又拉女子陪他午睡。沒想到男人悄悄的跟許彥說：「這女子雖然喜歡我，我的心裡卻有一個人。我也偷帶了一個女人跟著，現在也想趁機叫她出來相見，求您不要洩漏這個祕密。」許彥也說：「好的。」男子也從口中吐出一個大約二十來歲的女人，他們共飲，相談甚歡聊了許久。

忽然間，傳來書生翻身的聲音，男人說：「他們兩人醒了。」就拿起他所吐的女人，放回口中。沒多久，書生的妻子從屏風後走出來，對許彥說：「書生就快要醒來了。」才說著就張口吞下男子，自己和許彥相對而坐。

果然，書生旋即醒來對許彥說：「這個覺睡得太久，讓您無聊的獨坐。天色也晚了，也該是和您告別的時候了。」於是就吞下他的妻子和各種器皿。他留下了兩尺寬的大銅盤，對許彥說；「沒什麼可致贈給您，就留下這個銅盤作為紀念吧。」

後來太元年間，許彥當了蘭臺令史，把大銅盤送給宰相張散。張散看了上面的銘文題字，才知道是漢朝永平三年時所製作的古董。

◈陽羨許彥，於綏安山行，遇一書生，年十七八，臥路側，云腳痛，求寄鵝籠中。彥以為戲言。書生便入籠，籠亦不更廣，書生亦不更小，宛然與雙鵝並坐，鵝亦不驚。彥負籠而去，都不覺重。

前行息樹下，書生乃出籠，謂彥曰：「欲為君薄設。」彥曰：「善。」乃口中吐出一銅奩子，奩子中具諸肴饌，珍饈方丈。其器皿皆銅物，氣味香旨，世所罕見。酒數行，謂彥曰：「向將一婦人自隨，今欲暫邀之。」彥曰：「善。」又於口中吐一女子，年可十五六，衣服綺麗，容貌殊絕，共坐宴。

俄而書生醉臥，此女謂彥曰：「雖與書生結妻，而實懷怨。向亦竊得一男子同行，書生既眠，暫喚之，君幸勿言。」彥曰：「善。」女子於口中吐出一男子，年可二十三四，亦穎悟可愛，乃與彥敘寒溫。書生臥欲覺，女子口吐一錦行障，遮書生。書生乃留女子共臥。男子謂彥曰：「此女子雖有心，情亦不甚，向復竊得一女人同行，今欲暫見之，願君勿洩。」彥曰：「善。」男子又於口中吐一婦人，年可二十許，共酌，戲談甚久。

聞書生動聲，男子曰：「二人眠已覺。」因取所吐女人，還內口中。須臾，書生處女乃出，謂彥曰：「書生欲起。」乃吞向男子，獨對彥坐。

然後書生起，謂彥曰：「暫眠遂久，君獨坐，當悒悒邪？日又晚，當與君別。」遂吞其女子，諸器皿悉內口中。留大銅盤，可二尺廣，與彥別曰：「無以藉君，與君相憶也。」

彥大元中為蘭臺令史，以盤餉侍中張散。散看其銘題，云是永平三年作。

柳成入畫

出自：《酉陽雜俎》

唐德宗貞元末年，開州有個軍將叫冉從長，他的個性輕財好客，喜歡有才能的人，因而州裡的文士大多親近依附他。有個叫寧采的畫師，畫了一幅《竹林會》給他，畫作非常精緻工整。

冉從長的客人中，有兩個叫郭萱和柳成的秀才，兩人經常互相排擠、互不相讓。這天，柳成忽然斜著眼看著畫，對冉從長說：「這幅竹林七賢的畫，巧妙之處在於結構與氣勢，但是卻少了意境趣味。今天我想為您略施雕蟲小技，不用五色墨彩，卻能讓畫更加精彩高超，怎麼樣？」冉從長吃驚地說：「我一直不知道秀才您有這種高明的技藝！但不用五色墨彩就可修改，是什麼道理？」柳成笑道：「我可以進入他的畫中修改。」郭萱嘲諷地鼓著掌說：「先生你是在騙三歲小孩嗎？」柳成於是說要和他打賭，郭萱一口答應，說誰輸了就拿五千錢給對方，並請冉從長當保人。

賭約一成立，柳成就跳起來向畫奔去，旋即消失不見，其他客人都大驚失色。畫是裱在牆壁上的，眾人在畫面上摸索半天，都找不到柳成。過了很長時間，忽然聽到柳成說道：「小郭你要守信用啊！」聲音就像從畫中傳來。又過了一頓飯工夫，大家看到柳成從畫上飄然落地，他指著畫中阮籍的像說：「我的工夫只能這樣了。」眾人紛紛上前來看，覺得只有阮籍的畫像變得不一樣了，嘴就像方才正在笑。連畫師寧采來看了，都覺得這不是自己畫出來的。冉從長這才知道柳成是得道高人，連忙與郭萱一起來道歉。過了幾天，柳成就逕自離去了。這是宋存壽處士在職為官時，親眼所見之事。

◈貞元末，開州軍將冉從長輕財好士，而州之儒生道者多依之。有畫人寧采圖為《竹林會》，甚工。

坐客郭萱、柳成二秀才，每以氣相軋。柳忽眄圖謂主人曰：「此畫巧於體勢，失於意趣。今欲為公設薄技，不施五色，令其精彩殊勝，如何？」冉驚曰：「素不知秀才藝如此！然不假五色，其理安在？」柳笑曰：「我當入被畫中治之。」郭撫掌曰：「君欲給三尺童子乎？」柳因邀其賭，郭請以五千抵負，冉亦為保。

柳乃騰身赴圖而滅，坐客大駭。圖表於壁，眾摸索不獲。久之，柳忽語曰：「郭子信來？」聲若出畫中也。食頃，瞥自圖上墜下，指阮籍像曰：「工夫只及此。」眾視之，覺阮籍圖像獨異，吻若方笑。寧采睹之，不復認。冉意其得道者，與郭俱謝之。數日，竟他去。宋存壽處士在釋時，目擊其事。

關於《酉陽雜俎》

唐代筆記小說集，作者段成式（？～863），字柯古。內容包羅萬象，大體可分博物與志怪兩類，保存了唐朝大量的珍貴史料和逸事，是研究唐人生活和思想的重要文獻。

後代許多學者都推崇這本書的內容及其成就，清代紀曉嵐在《四庫全書總目提要》裡認為，本書雖然多收詭怪不經之談、荒涉無稽之物，但遺文祕笈亦往往參雜於其中，所以歷來談論到此書的人雖然詬病其內容浮誇，卻又不能不旁徵引用，自唐以來推為小說之翹楚……而周作人也曾在《談鬼論》裡提到：「四十前讀段柯古的《酉陽雜俎》，心甚喜之，至今不變……」

畫中美人

出自：《聞奇錄》

唐代進士趙顏從畫工那兒得到一幅屏障，上面描繪著一位非常美麗的女子。趙顏對畫工說：「世上哪有如此漂亮的人兒啊，多希望能使她變成真人，我願意娶她為妻。」畫工跟他說：「我的畫具有神靈，這女子也是真有其名的，她叫真真，只要你晝夜不停呼叫她的名字，叫上一百天後，她就會答應你。她一答應，你馬上就用百家彩綢燒成灰後所泡的酒餵她，她就能活過來。」

趙顏照著畫工的話做，晝夜不停的呼叫，叫了一百天，畫上的女子果真應聲：「欸。」趙顏急忙用百家彩灰酒餵她，果真活了過來。真真從畫上走出來，言談笑容、飲食生活都和常人相同。真真對趙顏說：「承蒙您熱心的召喚，我願意當您的妻子。」如此生活了快一年，他們也生了一個兒子。

小孩長到兩歲時，趙顏的一位友人對他說：「那是妖怪呀！她一定會給你帶來災難的。我這裡有一把神劍，你快將她殺了。」

那天晚上，友人將劍送到趙顏家，劍剛進趙顏房間，真真就哭喊著說：「我是南岳的地仙，無緣無故被人畫上外貌，你又不斷的呼喚我的名字，我為了不讓你失望，才與你一起生活。現在你又懷疑我，我再住下去有什麼意思呢！」說完，就嘔出了先前所飲的百家彩灰酒，帶著她兒子退到屏障上。之後再看那屏障，還是原來的圖畫，只是多了一個孩子。

◈唐進士趙顏，於畫工處得一軟障，圖一婦人甚麗。顏謂畫工曰：「世無其人也，如何令生，某願納為妻。」畫工曰：「余神畫也，此亦有名，曰真真。呼其名百日，晝夜不歇，即必應之。應則以百家彩灰酒灌之，必活。」

顏如其言，遂呼之百日，晝夜不止，乃應曰：「諾。」急以百家綵灰酒灌，遂活。下步言笑，飲食如常，曰：「謝君召妾，妾願事箕帚。」終歲生一兒。兒年兩歲，友人曰：「此妖也，必與君為患。余有神劍。可斬之。」

其夕，乃遺顏劍。劍纔及顏室，真真乃泣曰：「妾南嶽地仙也，無何為人畫妾之形，君又呼妾名，既不奪君願。君今疑妾，妾不可住。」言訖，攜其子却上軟障，嘔出先所飲百家綵灰酒。覩其障，唯添一孩子，皆是畫焉。

關於《聞奇錄》

唐代傳奇故事集，作者不詳。〈畫中美人〉的故事也見於唐代詩人杜荀鶴的《松窗雜記》。

廉廣的神筆

出自：《大唐奇事》

從前有個山東人叫做廉廣，因為在泰山採藥遇上大風雨，就躲到樹下，一直等到半夜風雨才停止。此時已是黑夜，無法分辨四周方向，只能憑感覺向前走。

走了一會兒，廉廣遇到一個人，看樣子像個隱士。他問廉廣：「你為什麼深夜還在這裡？」說著就和廉廣一起坐了下來，二人聊了一會兒，他忽然對廉廣說：「我會畫畫，可以把繪畫的技術傳授給你。」廉廣不知他有什麼意圖，只好恭順地連連點頭。那人說：「我送你一支筆，只是你要好好地藏起來。當你想要什麼的時候就畫什麼，一定會靈驗。」於是那人從懷裡拿出一支五色彩筆給他。當廉廣低頭拜謝時，那人忽然不見了。廉廣把筆拿回來後，試著畫畫，果然畫什麼就真的出現什麼，只是因為這件事得要瞞著他人，所以他也不敢隨便畫。

後來，廉廣因為採藥到了中都縣，中都縣的縣官姓李，天生愛好繪畫，不知怎麼，他居然知道廉廣的祕密！他把廉廣叫來，設宴款待，酒席間慢慢地談起此事。廉廣隻字片語都不肯透漏，李縣官苦苦哀求，廉廣被他纏得沒辦法，就在縣官官舍的牆壁上畫一百多個鬼兵，那些鬼兵都像準備去出征的樣子。中都縣姓趙的縣尉知道了，也堅決要求廉廣替他作畫。廉廣又在姓趙的官舍牆壁上畫了一百多個鬼兵，鬼兵的樣子各個都像凶神惡煞，那天晚上，兩個地方畫的鬼兵打起仗來了。李、趙二人見了這種怪事，不敢讓鬼兵再留在牆上，就把鬼兵們全部毀掉。廉廣害怕官府怪罪下來，就逃到下邳縣。

下邳縣的縣令得知這個消息，下令要廉廣為他作畫。廉廣很為難地告訴縣令：「我偶然在夜裡遇到神仙，他傳授我繪畫的方法。但是我常常不敢下筆，因為畫出來的東西往往會招致災厄，希望您明察我的難處。」那個縣令根本不聽廉廣的話，對他說：「畫鬼兵才有鬼戰，那你畫其他的東西就好了！」於是命令他畫一條龍。

廉廣迫不得已，只好硬著頭皮畫，才畫完最後一筆，只見風雲變色，剎那間狂風驟起，畫上的那條龍騰空而飛，直上雲端，隨即大雨滂沱，一連幾天下個不停。縣令擔心房子被雨水泡壞，又懷疑廉廣有邪術，於是把他關進監獄。廉廣不斷澄清自己不會法術，但暴雨不停，所有人都不相信廉廣。廉廣在監獄裡大哭，向山神禱告。這天夜裡，夢見神仙對他說：「你畫一隻大鳥，對著牠大聲吆喝，騎著牠遠走高飛，就可以遠離災難了。」

天一亮，廣廉就在牆上畫一隻大鳥，才剛畫完，廣廉大聲吆喝牠，那鳥果然搧動翅膀飛了起來。廉廣坐上去，一直飛到故鄉泰山腳下才從鳥背上下來。這時候，隱士又出現了，他對廉廣說：「就是因為你洩漏機密，所以才有這場災難，我送你一支小小的筆，本來希望能為你帶來幸福，誰知道反而替你招來災禍，你還是把那隻筆還我好了。」廉廣才從懷中掏出筆來歸還，那神仙就忽然不見了。

廉廣因此再也不能畫出神奇的畫了。他在下邳畫的那條龍，也被塗上了泥巴，永遠看不見了。

◈廉廣者，魯人也。因採藥，於泰山遇風雨，止於大樹下。及夜半雨晴，信步而行。俄逢一人，有若隱士，問廣曰：「君何深夜在此？」仍林下共坐。語移時，忽謂廣曰：「我能畫，可奉君法。」廣唯唯。乃曰：「我與君一筆，但密藏焉。即隨意而畫，當通靈。」因懷中取一五色筆以授之。廣拜謝訖，此人忽不見。爾後頗有驗，但秘其事，不敢輕畫。

後因至中都縣。李令者性好畫，又知其事。命廣至，飲酒從容問之。廣秘而不言。李苦告之。廣不得已，乃於壁上畫鬼兵百餘，狀若赴敵。其尉趙知之，亦堅命之。廣又於趙廨中壁上，畫鬼兵百餘，狀若擬戰。其夕，兩處所畫之鬼兵俱出戰。李及趙既見此異，不敢留，遂皆毀所畫鬼兵。廣亦懼而逃往下邳。

下邳令知其事，又切請廣畫。廣因告曰：「餘偶夜遇一神靈，傳得畫法，每不敢下筆。其如往往為妖。幸察之。」其宰不聽，謂廣曰：「畫鬼兵即戰，畫物必不戰也。」因命畫一龍。

廣勉而畫之，筆才絕，雲蒸霧起，飄風倏至，畫龍忽乘雲而上，至滂沱之雨，連日不止。令憂漂壞邑居，復疑廣有妖術，乃收廣下獄，窮詰之。廣稱無妖術。以雨猶未止，令怒甚。廣於獄內號泣，追告山神。其夜，夢神人言曰：「君當畫一大鳥，叱而乘之飛，即免矣。」

廣及曙，乃密畫一大鳥，試叱之，果展翅。廣乘之，飛遠而去。直至泰山而下。尋復見神，謂廣曰：「君言泄於人間，固有難厄也。本與君一小筆，欲為君致福，君反自致禍，君當見還。」廣乃懷中探筆還之。神尋不見。

廣因不復能畫。下邳畫龍，竟為泥壁。

關於《大唐奇事》

唐代筆記故事集，作者馬總，生卒年不詳。原書已佚，部分收錄於《太平廣記》中。

點睛成真的牧童與馬

出自：《夷堅志》

宋代崇寧年間，婺源縣有個商人叫汪大郎，有一次得到了一匹好馬。那馬的毛色明亮，筋骨挺拔有神，高昂駿秀。汪大郎找了一個牧童照料牠，那牧童也善於調理馬匹，馬每日起居正常，越來越發健壯。

從外縣有一個雕塑匠來到此處，縣民們出錢，請他為當地的五侯廟塑一匹馬的雕像。有人戲謔地說：「如果能塑得像汪大郎的馬一樣駿，那就可以稱做高手，答謝的酬金也就會增加。」那雕塑匠正想大展身手，顯露他的技藝，於是馬上去拜訪那位牧童，拿果子送他吃，討好他，慢慢的與他親近。

雕塑匠每天到馬廄去偷偷觀察汪大郎的馬，又不時請牧童喝酒，並把他引到山上，趁著牧童喝醉昏睡時，丈量馬的高矮肥瘦，甚至連耳目口鼻和鬃毛等微小的細節，都弄得一清二楚，甚至對那牧童也是一樣地記錄清楚。雕塑匠完全掌握了馬和牧童的外形後，才開始到祠堂雕塑。

完工後，那雕塑活靈活現，像極了汪大郎的馬和牧童。雕塑匠選了一天給馬和人畫上眼睛，眼睛才點上，汪大郎的馬忽然發狂奔跑，牧童追趕著也騎上了馬，那馬帶著牧童逕自朝城南的杉木潭跑去，結果和牧童一起淹死在潭中。

從此以後，廟前雕塑的馬每晚都會到西湖邊去喝水，或者到鄰近的村莊吃莊稼。第二天，湖畔和田間就會看見馬蹄印的蹤跡，而廟前泥馬的唇邊還會沾著浮萍和泥漿，吃過的禾穗零落散在路旁。而那牧童也有神跡，人們到廟裡祭祀祈禱，牧童都託夢給他們。直到宣和年初，民變的起義軍進攻此處，廟遭焚燒，泥馬和牧童的怪事才消失滅跡。現在老一輩的人偶爾還談起此事。

◈崇寧中，婺源縣市人汪大郎得良馬，毛骨精神，翹然出類。使一童御之。童又善調制，以時起居，馬益肥好。

它郡塑工來。邑人率錢將使塑五侯廟門下馬，或戲謂曰：「能肖汪大郎馬，則為名手，致謝當加厚。」工正欲售其技，銳往訪此童，啖以果實，稍與之狎。日即其牧所睥睨之，又時飲以酒，引至山崦，伺其醉睡，以線度馬之低昂大小，至於耳目口鼻鬃鬣微芒，無不曲盡，并童亦然。已悉得其真，始詣祠下為之。既成、宛然汪氏馬與僕也。擇日點目睛，才畢手，汪馬忽狂逸，童追躡乘之。徑赴城南杉木潭，皆溺水死。

自後馬每夜出西湖飲水，或往近村食禾稼，次日湖畔與田間，必即馬跡，而浮萍猶黏著泥馬唇吻間，禾穟零落道上。童亦有靈響，人詣祠祈禱者，多托夢以報。至宣和初，方臘來寇，廟遭爇，馬乃滅跡。今老人尚能言之。

關於《夷堅志》

宋代筆記小說集。洪邁（1123～1202）編撰，書名取《列子．湯問》「夷堅聞而志之」之意，專門記載怪異之事，後世不少話本和戲曲都從此書取材。本書內容搜羅廣泛，篇幅是宋代志怪小說之冠。除了神仙鬼怪之事，書裡也記載了許多奇聞軼事、民間故事、城市生活等，是研究宋代社會的珍貴史料。

嘉興繩技

出自：《原化記》

唐朝開元年間，皇帝常常下令賜各州縣百姓酒食，舉行大型宴會。這一年又舉行的時候，浙江嘉興的縣司準備了雜耍，要和監司比賽誰的節目比較精采。監司求勝欲望很強，命令各屬下要使出拿手好戲。各監獄官在獄中談起此事，說道：「這次我們要是輸給了縣司，上頭一定會怪罪我們。但只要能策劃一個拿得出手的節目，就可以獲得獎賞。只可惜我們沒什麼本事。」大家到處設法，問誰有特別的技藝，甚至是上牆爬樹這種都可以，只想找些特別的節目。

這時，獄中有一個囚犯笑著說：「我有一點小技藝，只可惜身在獄中，不能為大人一獻身手。」獄吏很驚訝，問說：「你有什麼本事？」囚犯道：「我會玩繩技。」獄吏對他說：「你要是真有本事，我便向上級報告。」於是將這名囚犯會繩技的事，呈報給獄官。獄官聽了，問說這人是犯了什麼罪，獄吏回答：「這個人欠稅沒繳，其他倒也沒什麼大罪。」獄官想了想，親自去見了囚犯，問說：「繩技許多人都會玩，只是普通雜耍，你會的有什麼了不起了的嗎？」囚犯說：「我所會的繩技，跟別人的稍有不同。」獄官又問：「怎樣的不同？」囚犯說：「別人玩的繩技，都是將繩子的兩頭綁好，然後在繩上行走跳躍。我只需要一條手指粗細的長繩，大約五十尺長，不用綁住，而是直接拋向空中，就可以在上面騰挪翻覆，有各種各樣的變化。」獄官聽了又驚又喜，遂安排他參加節目演出。

第二天，獄吏將囚犯領到戲場上。各種節目表演完畢之後，就命他表演繩技。這個人捧了一團長繩，放在地上，大概有百餘尺長。他將一頭擲向空中，繩子竟然像筆一樣有力地豎在空中，一開始拋了兩三丈，後來加到四五丈，長繩一直向天延伸，就像上頭的空中有人拉住一般。觀眾看了都大為驚異。這條繩子越拋越高，竟達二十餘丈，另一端沒入了雲中。接著這名囚犯忽然抓住繩子往上一躍，開始向上攀援，他身子離地，越爬越高，眾人只見他將長繩在空中一拋，像一隻鳥般從旁邊飛出，便在空中不知去向了。這名囚犯於是眾目睽睽之下，就在這天越獄逃跑了。

◈唐開元年中，數敕賜州縣大酺。嘉興縣以百戲，與監司競勝精技。監官屬意尤切。所由直獄者語於獄中云。黨若有諸戲劣於縣司。我輩必當厚責。然我等但能一事稍可觀者，即獲財利，歎無能耳。乃各相問，至於弄瓦緣木之技，皆推求招引。

獄中有一囚笑謂所由曰：「某有拙技，限在拘繫，不得略呈其事。」吏驚曰：「汝何所能？」囚曰：「吾解繩技。」吏曰：「必然，吾當為爾言之。」乃具以囚所能白於監主。主召問罪輕重，吏云：「此囚人所累，逋緍未納。餘無別事。」官曰：「繩技人常也，又何足異乎？」囚曰：「某所為者，與人稍殊。」官又問曰：「如何？」囚曰：「眾人繩技。各繫兩頭，然後於其上行立周旋。某只須一條繩，粗細如指，五十尺，不用繫著，拋向空中。騰躑飜覆。則無所不為。」官大驚悅，且令收錄。

明日。吏領至戲場。諸戲既作，次喚此人，令効繩技。遂捧一團繩，計百餘尺，置諸地。將一頭手擲於空中，勁如筆。初拋三二丈，次四五丈，仰直如人牽之。眾大驚異。後乃拋高二十餘丈，仰空不見端緒。此人隨繩手尋，身足離地，拋繩虛空，其勢如鳥，旁飛遠颺，望空而去。脫身行狴，在此日焉。

關於《原化記》

唐代傳奇故事集。作者皇甫氏，生平不詳。內容主要是一些時人傳聞、神仙鬼怪、俠義故事等。

有此一說

中國自古就有使用繩索的雜戲。東漢張衡的《西京賦》中提到：「跳丸劍之揮霍，走索上而相逢。」走索指的是由藝人在懸空的繩索上行走，並表演各種動作。本文中的繩技，可能是來自印度的古老魔術。不過十四世紀的阿拉伯旅行家伊本·巴圖塔（**Ibn Battuta**）曾在遊記裡提到，他遊歷中國時在杭州觀賞了「通天繩技」，表演者攀到繩子上看不見之後，被碎屍拋下，之後又復活。明朝錢希言的《獪園》記載的〈偷桃小兒〉，講的也是類似表演。清代蒲松齡在《聊齋志異》裡的〈偷桃〉故事，靈感或許來自於此。

勞山道士

出自：《聊齋志異》

某縣有個王生，在家中排行第七，本是世家子弟。他自年輕就很羨慕道術，聽說勞山有很多神仙，便挑著書箱前去遊歷。

王生好不容易登上山頂，見到一座非常清幽寂靜的廟宇，一位道士坐在蒲團上，白髮長垂兩肩，但容光煥發，氣度非常豪邁。王生鼓起勇氣嘗試著和他交談，沒想到道士精通玄理，王昇想拜道士為師，道士卻說：「恐怕你嬌生慣養，沒辦法吃苦。」王生連忙回答：「能吃苦，能吃苦。」道士的門徒很多，傍晚時都回來了，王生向他們一一行禮，留住在廟中。

第二天清晨，道士把王生叫去，交給他一把斧頭，讓他跟著大家進山砍柴。王生恭敬從命，就這樣過了一個多月，手腳都磨出了厚繭，他越來越受不了這苦頭，暗地裡產生回家的念頭。

一天晚上，王生回到廟中，看到師父陪同兩位客人飲酒，當時天色昏暗，也沒有燈燭。師父就用紙剪成一面鏡子，黏貼在牆上，一會兒，屋內如同明月照射一般，亮得能看清一根根的頭髮。門徒們伺候著客人，不停的奔走。一位客人說：「這麼美好的夜晚，飲酒作樂，不可不一同分享。」於是，就從桌上取下一把酒壺，分別倒給眾門徒，並且囑咐大家不醉不歸。王生心想：「這裡有七、八個人，那麼一小壺酒怎麼讓大家醉倒？」但大家仍分頭尋找杯碗，爭先喝酒，深怕酒壺空了。但是，多次你斟我酌的，酒壺中的酒竟也不見減少。王生心中覺得奇怪。

不久，另一位客人說：「承蒙皎潔明月照耀，我們卻如此默默喝酒，為何不請嫦娥來一起同歡？」師父便拿一根筷子向月中拋去，只見一個美女從月亮中走了出來。這美女起初不足尺把長，落地後卻和常人沒有兩樣，長頸細腰，翩翩跳起了「霓裳舞」，後來還唱起歌：「神仙啊神仙，你回來呀，為什麼將我幽禁在廣寒宮中？」那歌聲清亮高揚，優美得像管簫。嫦娥唱完後，旋轉起身，跳到桌上，大家正看得驚訝，卻又變成了筷子。三人大笑。客人又說：「今夜真是非常盡興，但我已經醉了，你們可以在月宮為我餞行嗎？」於是三位移動席位，漸漸搬到月中。大家看見三人坐在那月中喝酒，鬍鬚眉毛都看得清清楚楚，就像那鏡中的人影。

不久後，月色漸暗，門徒點燃蠟燭，卻只有道士獨坐，客人都不見了。桌上那些吃剩的東西，也都還放著。牆上的月亮這時看起來，也只不過是圓得像鏡子的一張紙罷了。道士問大家：「喝夠了嗎？」門徒回應：「足夠了。」師父又說：「喝夠了就早點休息睡覺，別耽誤了明天砍柴的工作。」大夥應聲後散了。看到這天晚上的事，王生心中暗暗羨慕，打消了回家的念頭。

又過一個月，王生又覺得苦得難受。道士卻仍舊不傳授半點方術，王生實在無法再繼續等待，便向師父告辭說：「弟子走了好幾百里路，拜師受業。即使不能學到長生術，也請師父傳授一點小功夫，滿足我好學的求教心。如今卻已過了兩、三個月，都是早出晚歸，做砍柴的工作罷了。弟子在家從沒有受過這樣的苦。」道士笑著說：「我早就說你不能吃苦，如今果然如此。明天應當早早送你走。」王生說：「弟子操練這麼久，還請仙師傳授一點小小法術，才不辜負此行。」道士問他：「你想學些什麼？」王生說：「每次看到師父行走，牆壁都無法阻擋，要是我能學會這種本領也就滿足了。」道士笑著答應他。

道士便傳授他一段口訣，要他自己念完，再喊：「進去！」王生面對牆壁不敢撞。道士又鼓勵他：「再試試！」王生只好慢慢走到牆下，停步不前。道士說：「低下頭就可以穿過去，不要遲疑！」王生便離牆幾步，跑步向前，碰觸到牆壁時，果真虛若無物，回頭一看，真的待在牆外了。他十分高興，忙進去向師父道謝。道士叮嚀他：「回去後，應該潔心自持，否則法術就不會靈驗。」給了王生路費，就打發他回家去了。

王生回到家，自誇遇到神仙，堅固的牆壁也無法阻擋他。妻子不信，王生要示範給她看，離牆幾尺，快步奔來，頭碰到堅硬的牆壁，卻猛然倒地。妻子扶他起來，一看，額頭已經腫得凸出來，好像一顆大蛋。妻子譏笑他，王生又氣又羞愧，只能痛罵老道士沒良心。

◈邑有王生，行七，故家子。少慕道，聞勞山多仙人，負笈往游。登一頂，有觀宇甚幽。一道士坐蒲團上，素髮垂領，而神光爽邁。叩而與語，理甚玄妙。請師之，道士曰：「恐嬌情不能作苦。」答言：「能之。」其門人甚眾，薄暮畢集，王俱與稽首，遂留觀中。

凌晨，道士呼王去，授一斧，使隨眾採樵。王謹受教。過月餘，手足重繭，不堪其苦，陰有歸志。

一夕歸，見二人與師共酌，日已暮，尚無燈燭。師乃剪紙如鏡黏壁間，俄頃月明輝室，光鑒毫芒。諸門人環聽奔走。一客曰：「良宵勝樂，不可不同。」乃於案上取酒壺分賚諸徒，且囑盡醉。王自思：七八人，壺酒何能遍給？遂各覓盎盂，競飲先釂，惟恐樽盡。而往復挹注，竟不少減。心奇之。

俄一客曰：「蒙賜月明之照，乃爾寂飲，何不呼嫦娥來？」乃以箸擲月中。見一美人自光中出，初不盈尺，至地遂與人等，纖腰秀項，翩翩作「霓裳舞」，已而歌曰：「仙仙乎！而還乎！而幽我於廣寒乎！」其聲清越，烈如簫管。歌畢，盤旋而起，躍登几上，驚顧之間，已復為箸。三人大笑。又一客曰：「今宵最樂，然不勝酒力矣。其餞我於月宮可乎？」三人移席，漸入月中。眾視三人，坐月中飲，鬚眉畢見，如影之在鏡中。

移時月漸暗，門人燃燭來，則道士獨坐，而客杳矣。几上肴核尚存。壁上月，紙圓如鏡而已。道士問眾：「飲足乎？」曰：「足矣。」「足，宜早寢，勿誤樵蘇。」眾諾而退。王竊欣慕，歸念遂息。

又一月，苦不可忍，而道士並不傳教一本，心不能待，辭曰：「弟子數百里受業仙師，縱不能得長生術，或小有傳習，亦可慰求教之心。今閱兩三月，不過早樵而暮歸。弟子在家，未諳此苦。」道士笑曰：「吾固謂不能作苦，今果然。明早當遣汝行。」王曰：「弟子操作多日，師略授小技，此來為不負也。」道士問：「何術之求？」王曰：

「每見師行處，墻壁所不能隔，但得此法足矣。」道士笑而允之。

乃傳一訣，令自咒畢，呼曰：「入之！」王面墻不敢入。又曰：「試入之。」王果從容入，及墻而阻。道士曰：「俯首輒入，勿逡巡！」王果去墻數步奔而入，及墻，虛若無物，回視，果在墻外矣。大喜，入謝。道士曰：「歸宜潔持，否則不驗。」遂助資斧遣歸。

抵家，自詡遇仙，堅壁所不能阻。妻不信，王效其作為，去墻數尺，奔而入，頭觸硬壁，驀然而踣。妻扶視之，額上墳起如巨卵焉。妻揶揄之。王漸忿，罵老道士之無良而已。

關於《聊齋志異》

清代著名的文言小說集。作者蒲松齡（1640～1715），全書共有將近五百篇故事，內容大多是鬼魅妖狐的幻想故事，主題大致有對愛情的歌頌、對官場的抨擊，對司法等社會黑暗面的揭露，以及對世情的諷喻。

有此一說

蒲松齡自小聰明好學，卻始終科場失意，懷才不遇，一生清苦，於是用創作這些故事來寄託悲憤。據說他在寫此書時，常在路旁以菸和茶招待過路客人，請他們講述各種奇聞異事，他再加以記錄成書。

《聊齋志異》的創作受到六朝志怪小說影響，但具有更高的文學和藝術成就，所描寫的人事物無不生動逼真，情節曲折宛轉，描寫深刻，語言精妙。蒲松齡的好友王士禎對本書評價甚高，甚至欲以五百兩黃金購買手稿而不可得。

第三部　受人之恩，當湧泉以報

從救命之恩、知遇之恩、
仗義之恩、到養護之恩
蟲魚鳥獸尚且知恩圖報，何況於人？

螞蟻報恩

出自：《搜神記》

吳地富陽縣有個叫董昭之的人，有次要搭船渡錢塘江，船航行到水中央時，看見一隻螞蟻，正在水中的一隻短蘆葦上急忙地來回奔跑，跑到那一頭，又轉身跑向另一頭，驚慌失措。董昭之心想：「這是因為螞蟻怕被淹死啊！」於是用繩子套住蘆葦，要把螞蟻救到船頭去，同船的人卻罵他：「這是那種有毒而且還會螫人的壞蟲，不可以救牠，快踩死牠。」昭之很同情這隻螞蟻，還好船恰巧已經駛到了岸邊，螞蟻沿著繩子很快就離開水面了。

這天半夜，昭之夢見一個身穿黑衣的人，後面跟著幾百個人，來向他道謝說：「我不小心掉到江裡，多虧您救命之恩，但我無以為報，覺得十分慚愧。我是蟲王，以後您如果有困難的時候，儘管告訴我。」

過了十多年，當時長江以南的地方到處都有強盜搶劫，董昭之從餘杭山經過，受到強盜牽連，被囚禁在餘姚這地方的監獄中。昭之忽然想起蟻王的夢，螞蟻曾說有急難時可以找牠求救，但現在該去哪裡找牠呢？他很專心地想著這件事，一起被囚禁的人見他冥思苦想，問他在做什麼，他老實告訴對方螞蟻的事。有一個囚犯就說：「你只要捉兩三隻螞蟻放在手掌中，誠心的禱告就可以了。」董昭之照著那人的說法試試看。到了晚上，果然夢見黑衣人向他說：「您現在可以趕快逃走，逃進餘杭山，過不了多久天子就會頒布赦令。」等他夢醒時，螞蟻已經把鐐銬咬斷，董昭之逃出了監獄，又過江逃進餘杭山。不久，他果真遇到了大赦。

◈吳富陽縣董昭之，嘗乘船過錢塘江，中央，見有一蟻，著一短蘆，走一頭，回復向一頭，甚惶遽。昭之曰：「此畏死也。」欲取著船。船中人罵：「此是毒螫物，不可長，我當蹋殺之。」昭意甚憐此蟻，因以繩繫蘆，著船，船至岸，蟻得出。

其夜夢一人，烏衣，從百許人來，謝云：「僕是蟻中之王。不慎墮江，慚君濟活。若有急難，當見告語。」

歷十餘年，時所在劫盜，昭之被橫錄為劫主，繫獄餘杭。昭之忽思蟻王夢，緩急當告，今何處告之。結念之際，同被禁者問之，昭之具以實告。其人曰：「但取兩三蟻。

著掌中，語之。」昭之如其言。夜，果夢烏衣人云：「可急投餘杭山中，天下既亂，赦令不久也。」於是便覺，蟻齧械已盡，因得出獄，過江，投餘杭山。旋遇赦，得免。

有此一說

南朝宋東陽無疑所作《齊諧記》也收錄了此篇，和《搜神記》文字大同小異。《齊諧記》原書已佚，現在只留下十幾篇，見於《太平御覽》和《太平廣記》。

黃雀報恩

出自：《續齊諧記》

東漢弘農人楊寶天生很有仁愛之心，他九歲的時候，到華陰山北邊，看見一隻黃雀被鴟梟弄傷了，傷口很多，墜落在樹下，身邊還爬滿了螞蟻。楊寶覺得黃雀很可憐，就把牠帶回家，放在屋樑上。晚上他聽到黃雀啼叫得很急，親自去察看，發現是被蚊子咬了，於是把牠移到箱子裡，用黃花餵牠。過了十幾天後，黃雀傷好了，羽毛又長回來，可以飛翔，牠早晨飛走，晚上再飛回來，住在箱子裡，如此過了好幾年。

有天牠忽然跟一大群黃雀一起飛來，繞著廳堂哀鳴，過了幾天才飛走。當天晚上，楊寶在房裡讀書至三更，忽然出現一名黃衣童子，向楊寶拜謝說：「我是西王母的使者，從前出使蓬萊的時候，被鴟梟弄傷，承蒙您一念之仁救了我，這份恩德實在非常感謝。」然後送了楊寶四枚白玉環，跟他說：「這東西可以保佑您的子孫都可以做到三公那樣的高官，而且為政清廉，有如玉環一樣潔白無瑕。」

後來果如黃衣童子所言，楊寶的德行天下皆知，名聲和官位越來越高。他的兒子楊震、孫子楊秉、曾孫楊賜、玄孫楊彪，四代都位居高官。到了楊震死後出殯時，有大鳥降臨，大家都說這是真正的仁慈感召來的。

◈弘農楊寶，性慈愛，年九歲，至華陰山，見一黃雀為鴟梟所搏，逐樹下，傷瘢甚多，宛轉復為螻蟻所困。寶懷之以歸，置諸梁上。夜聞啼聲甚切，親自照視，為蚊所嚙，乃移置巾箱中，啖以黃花。逮十餘日，毛羽成，飛翔，朝去暮來，宿巾箱中，如此積年。忽與群雀俱來，哀鳴遶堂，數日乃去。是夕，寶三更讀書，有黃衣童子曰：「我，王母使者。昔使蓬萊，為鴟梟所搏，蒙君之仁愛見救，今當受賜南海。」別以四玉環與之，曰：「令君子孫潔白，且從登三公事，如此環矣。」寶之孝大聞天下，名位日隆。子震，震生秉，秉生彪，四世名公。及震葬時，有大鳥降，人皆謂真孝招也。

老虎報恩

出自：《廣異記》

唐代建中初年時，青州府北海縣北邊，有一座秦始皇時代設立的望海臺。望海臺的旁邊有個小港口，住了一個打魚人叫張魚舟，他搭了一座小草屋住在裡頭。有一晚，張魚舟才剛睡，居然來了一隻老虎，闖進了小草屋中，直到天快亮時，張魚舟朦朧間才發現屋裡好像有人，一開始不知道是什麼人，等到天亮了以後，才看清楚竟是一隻大老虎，張魚舟十分害怕，靜靜躺著不敢亂動。此時老虎慢慢的用腳輕觸張魚舟，張魚舟覺得奇怪，心想其中必有緣故，便起身坐好，老虎舉起左前腳給張魚舟看，張魚舟一看，原來牠的腳掌上有一根約五、六寸長的大刺，便替老虎把刺拔掉。老虎高興地跳出草屋，作出伏地跪拜道謝的樣子，然後又靠近張魚舟，摩挲親熱了許久，才掉頭離去，還不時回頭張望，依依不捨。

到了半夜，張魚舟忽然聽到小草屋前「咚」的一聲，似乎掉下了一件重物，他趕快出來察看，只見一頭相當肥壯的野豬躺在屋前，大約有三百斤重。老虎見到張魚舟，又靠近他表示親熱，久久才離去。從此以後，每晚老虎都會送些東西來，有時是野豬，有時是麋鹿。後來，村裡的人都以為張魚舟是妖怪，把他押到縣衙裡去。張魚舟陳述了事情的經過，縣官便派遣差役隨他回去，探察虛實。到了二更時分，老虎果然又送來一頭麋鹿，縣官這才判他無罪釋放。

張魚舟給老虎做了一百零一天的法事功德，齋戒祝福來感謝牠。那天晚上，老虎又為張魚舟銜來了一匹絲絹回報。後來又有一天，老虎突然拆了張魚舟的小草屋，張魚舟知道老虎要他不要住在這裡了，便到別的地方尋找住處。從此，老虎就不再來了。

◆唐建中初，青州北海縣北有秦始皇望海臺。臺之側有別濾泊。泊邊有取魚人張魚舟結草庵止其中。常有一虎夜突入庵中，值魚舟方睡，至欲曉，魚舟乃覺有人，初不知是虎，至明方見之。魚舟驚懼，伏不敢動。虎徐以足捫魚舟，魚舟心疑有故，因起坐。虎舉前左足示魚舟，魚舟視之，見掌有刺可長五六寸，乃為除之。虎躍然出庵，若拜伏之狀，因以身劘魚舟，良久，回顧而去。

至夜半，忽聞庵前墜一大物。魚舟走出，見一野豕腯甚，幾三百斤。在庵前，見魚舟，復以身劘之，良久而去。自後每夜送物來，或豕或鹿。村人以為妖，送縣。魚舟陳始末，縣使吏隨而伺之。至二更，又送麋來，縣送釋其罪。

魚舟為虎設一百一齋功德。其夜，又銜絹一匹而來。一日，其庵忽被虎拆之，意者不欲魚舟居此。魚舟知意，遂別卜居焉。自後虎亦不復來。

葉天師救白龍

出自：《玄怪錄》

唐代開元年間，有一個名叫葉靜能的道士在明州奉化縣這個地方的興唐觀講經。自從在這兒講經開始，每天都有一個身穿白衣、長滿鬍鬚的老翁來聽講，而且常常最早到，又最後離開，只是老翁看起來總是有所遲疑、欲言又止的樣子。越接近講經要結束時，老翁停留的時間越長，這天其他聽講的人全都離開了，葉天師叫住老翁來問個究竟。沒想到老翁流著淚上前拜見天師，他自稱是鱗類，說：「我本是想來請求您的憐憫和幫助，但又不敢直說，現在承蒙您主動問起我，我怎麼能夠繼續隱瞞呢！我並不是凡人，而是在興唐觀南方的小海中看守寶藏的龍，這個工作必須一千年都沒有任何差錯，才能稍微得到升遷；如果看守時稍微有點失誤，就要受到被炙熱的砂石掩埋的刑罰。我原本在此已經看守九百多年了，不料有個印度來的和尚，到這裡修煉了將近三十年的法術，這個和尚修煉十分潛心認真，咒語的法力強大。現在我最擔心的就是這個月的午日午時，他的法術就要修煉完成了，和尚會到我所看守的小海施咒，讓海水乾涸，到時寶物就藏不住了。弟子我是即使死，也不敢奢求得到升遷的，但實在無法忍受要被炙熱砂石掩埋的刑罰。拜託天師可憐我，幫助我躲過這場大劫，我永遠都不會忘記您的大恩大德！」葉天師答應了他，他才流著眼淚道謝，離開興唐觀而去。

葉天師擔心自己忘記這件事，在道觀的柱子上寫了「午日午時救龍」幾個大字，到了午日這一天，他恰好到朋友家吃飯，回來後正在休息時，門人忽然讀到柱子上的大字，非常吃驚地說：「『午日午時救龍』，現在豈不就快到午時了，師傅卻還在休息，他該不會忘了這件事吧？」剛準備要稟告，天師已經醒來了，馬上問說：「現在什麼時候？」弟子答說：「再一會兒就要午時了。」

天師立即派了個身穿青衣、道行較低的門人，拿著墨色符籙跑向道觀南面的小海。在距離海一里多的地方，就看見天空烏雲密布，陰風四起，有一個身佩寶劍的印度和尚，站立雲端，手裡握著咒符，正在海上不停的大聲念咒，海水立即乾了一半。天師派去的青衣門人也被咒語擊倒在地。天師又趕派一個道行稍高、身穿黃衣的門人，拿著朱紅色符籙，騎著快馬跑去幫忙，離海還一百多步，那印度和尚又大聲念咒，黃衣門人不敵咒語的攻擊，也從馬上摔了下來。眼見那海水乾了十分之七、八，一條白龍氣喘吁吁的在淺波中掙扎。天師再趕派道行最高、身穿朱紅服裝的門人，拿著黃色符籙趕去救援。那和尚繼續大聲念咒，但這次咒語卻擊不倒朱衣門人，朱衣門人趕到海邊時，海水只剩一兩尺深，那白龍正抖動著龍鬚，張著口在泥沙中艱難地喘氣呼吸，朱衣門人將符籙拋入海中後，海水馬上漲了起來。

那印度和尚撫劍長嘆一聲，說：「三十年精修苦練，不料今天使盡渾身解數也無法使這海水乾枯。這個道士怎麼如此有能耐啊！」雖然百般無奈，但也只能強忍怒氣，悻悻然的離開了。不久，海面就恢復了風平浪靜，之前被擊倒的青衣、黃衣兩位門人，也慢慢站了起來，互相攙扶著回到道觀中，將這過程一一稟告天師。話都還沒講完，那位身穿白衣、長滿鬍鬚的老翁也趕來了，他流淚跪拜答謝：「剛才差一點死在那印度和尚的咒語下，若不是天師的法力高強，我根本就無法倖免！我們鱗類屬於野獸，恐怕無法報答您的大恩大德，但我願意永遠跟隨您，做您的門人，聽您的使喚。只要是您一聲令下，即便像是秦、越兩地相隔那麼遙遠，水路陸路殊異，您召喚我，我就會立刻出現來侍奉您！」從此以後，這老翁早晚前來探視請安，服侍天師，就像天師的門人一般。

這個道觀位在高地上，無法鑿井取水，年幼的門人總要到很遙遠的地方取水，非常不便，大家都覺得很麻煩。有一天，天師就對白龍老翁說：「我在這裡住了很久了，弟子們得到很遠的地方取水，十分辛苦，好希望能有泉水圍繞道觀啊，這樣取水就很容易了。

你可以幫忙引來泉水嗎？」老翁說：「泉水的散布是由老天爺所安排的，並不是靠人力可以隨便引來的。不過天師您救了我的命，又使我能脫離千年炎沙的苦刑，我應當拚盡全力來達成！只是這並非靠人力可以得來的東西，若要勉強得來，會遭到地方神明的拒絕，必須打敗他們才行。請您先疏散道觀中的人，到了那一天，等天空三次忽明忽暗之後才能回來，這樣也許就有可能引來泉水。」於是全道觀的人都聽從他的安排，直到約定時間回道觀一看，只見一條石渠圍繞道觀，清冽的渠水潺潺流淌，繞觀一周，向南流到海裡，全觀道士的飲用水都依靠這條石渠提供。於是便將這石渠題名為：「仙師渠」。葉天師的法術之所以能廣傳天下，大概是由於白龍的幫助吧。

◈開元中，道士葉靜能講於明州奉化縣興唐觀。自升座也，有老父白衣而髯者，每先來而後去，必遲遲然，若有意欲言而未能者。講將罷去，愈更淹留。聽徒畢去，師乃召問。泣拜而言，自稱鱗位，曰：「有意求哀，不敢自陳，既蒙下問，敢不盡其誠懇？位實非人，乃實藏之守龍也。職在觀南小海中，千秋無失，乃獲稍遷，苟或失之，即受炎沙之罰。今九百餘年矣，胡僧所禁且三十春，其僧虔心，有大咒力，今憂午日午時，其術即成，來喝水乾，寶無所隱。弟子當死，不敢望榮還，然千載之炎海，誠不可忍。惟仙師哀之，必免斯難，不敢忘德。」師許之，乃泣謝而去。

師恐遺忘，乃大書其柱曰：「午日午時救龍。」其日赴食於邑人，既回方憩，門人忽讀其柱曰：「午日午時救龍。今方欲午，吾師正憩，豈忘之乎？」將入，師已聞，遽問曰：「今何時？」對曰：「頃刻未午耳。」

仙師遂使青衣門人執墨符，奔往海。一里餘，見黑雲慘空，毒風四起，有婆羅門仗劍，乘黑雲，持咒於海上連喝，海水尋減半矣。青衣使亦隨聲墮焉。又使黃衣門人執朱符奔馬以往，去海一百餘步，又喝，尋墮，海水十涸七八矣。有白龍跳躍淺波中，喘喘焉。又使朱衣使執黃符以往，僧又喝之，連喝不墮。及岸，則海水纔一二尺，白龍者奮鬣張口於沙中。朱衣使投符於海，隨手水復。

婆羅門撫劍而歎曰：「三十年精勤，一旦術盡，何道士之多能哉！」拗怒而去。既空海恬然，波停風息，前墮二使，亦漸能起，相與偕歸，具白於師。未畢，老父者已到，泣拜曰：「向者幾死於胡術，非仙師之力，不能免矣。位也，懼不克報，然終天依附，願出門人，可指使也。若承師命，雖秦越地阻，江山路殊，一念召之，即立左右矣。」自是朝夕定省，若門人焉。

師以其觀在原上，不可穿井，童稚汲水，必於十里之外，闔觀患之。他日，師謂髯父曰：「吾居此多日，憐其汲遠，思繞觀有泉以濟之，子可致乎？」曰：「泉水之流，天界所有，非力可致。然師能見活，又脫千年之苦，豈可辭乎！夫非可致而致之，界神將拒，俟戰勝然後可。令諸人皆他徙。其日晦明三復，然後歸，庶幾有從命之功。」合觀從之。過期而還，則石甃繞觀，清流潺潺，既周而南，入於海，黃冠賴焉。乃題渠曰「仙師渠」。師所以妙術廣大天下，蓋龍之所助焉。

關於《玄怪錄》

唐代著名的傳奇小說集。牛僧孺（779～847）編撰。魯迅《中國小說史略》說：「選傳奇之文，薈萃為一集者，在唐代多有，而烜赫莫如牛僧孺之《玄怪錄》。」本書故事新奇，篇幅較長，對於細節和人物對話多所著墨，並且影響後代文人的寫作。李復言的《續玄怪錄》，張讀的《宣室志》，薛漁思的《河東記》，都可說是其續作。

吳堪與白螺女

出自：《原化記》

常州義興縣，有一位獨身男子名叫吳堪，很小就成了孤兒，也沒有兄弟姊妹。他在縣裡當差，性情恭順。他的住家就在荊溪旁，經常用東西遮著溪水，讓溪水常保清潔，沒有受到污染。吳堪每次從縣府回家時，總會到溪邊看一看，很真誠的愛護著這條溪水。經過了許多年，有天他忽然在水邊撿到一個白螺，就把它帶回家，用水養著。

後來有一天，吳堪從縣府回家，見家中茶水飯菜都已經準備好，他也就吃了。這樣經過了十來天。吳堪總以為是隔壁鄰家的老婆婆可憐他一個人獨居，為他燒茶煮飯。他去感謝鄰家老婆婆，老婆婆很驚訝地說：「為什麼說這些客氣話？你最近有了美麗的妻子料理家務，怎麼卻跑來謝我？」吳堪說：「哪有這回事！」他繼續追問老婆婆詳情，老婆婆說：「每次你去縣府後，便會看見一個女子，約十七、八歲，端莊美麗，穿著飄逸鮮豔；但她燒茶做飯之後，就會立即回房。」吳堪猜疑是白螺所做的，於是悄悄對鄰居老婆婆說：「我明天就假裝說要去縣府，請讓我待在您家裡，從牆壁縫裡偷看，可以嗎？」老婆婆答應了。第二天早晨，吳堪就假裝出門，出門後沒多久，便看見一個女子從吳堪的房間出來，進廚房燒飯。吳堪這時從門外進來，那女子沒來得及躲回房間。吳堪向她作揖致謝，女子說：「上天知道您恭敬且愛護泉源，工作忠於職守，可憐您獨居，叫我來做您的妻子。希望您能了解，不要心疑而攔著我。」吳堪恭敬的感謝她，從此，夫妻兩人相敬如賓，家庭和樂。這件事在鄉里間廣為流傳，大家聽了都很詫異。

當地的縣令橫行霸道，聽說吳堪有個美麗的妻子，企圖搶奪過來，但吳堪當差認真謹慎，找不到任何懲罰的藉口。於是縣令便對吳堪說：「你擔任縣吏很久了，辦事能力很好，現在我需要蛤蟆毛和鬼臂兩樣東西，你必須在今晚坐堂時交納。要是沒有辦妥這兩樣東西，罪責不輕！」吳堪答應著走出來，但他想人間哪裡來這兩件東西，神情淒慘沮喪，回家說給妻子聽，還說：「我今晚是死定了！」妻子笑著說：「您若擔心找不到別種東西，我還不敢承命。但若是這兩件東西，我能辦得到。」吳堪聽了，憂慮的臉色稍稍緩和。妻子又說：「我這就出門去拿。」妻子一會兒就回來了，吳堪才得以交給縣令覆命。縣令看到他備齊了這兩件東西，假裝微笑並讓他回去，心裡卻算計還要如何陷害他。

又有一天，縣令又召見吳堪說：「我要一個蝸斗，你最好快點找到。如果找不到，災禍就會降臨在你身上！」吳堪受命，趕緊奔回家，又將此事告知妻子，妻子說：「這東西我家有，拿來不難。」便為吳堪去取。過了許久，妻子牽回一頭野獸，像狗一樣大，外型也像狗。妻子說：「這就是蝸斗。」吳堪說：「牠有什麼能耐啊？」妻子回答說：「牠是頭奇特的獸，能吃火，您快送去。」吳堪將這獸送到縣令那兒。縣令見到了，發怒說：「我要的是蝸斗，但這是狗啊！」又問道：「那牠有什麼能耐？」吳堪說：「牠能吃火，大的便也是火。」縣令於是拿炭燒了一盆火給牠吃；牠吃完，屙糞在地上，盡是火。縣令怒道：「要這種東西做什麼用！」命令人滅火掃屎。才剛想陷害吳堪，縣吏們用工具掃糞，一碰到糞卻像空空的，什麼都消失了，好像不曾有過東西一樣。忽然間，四處火焰暴起，焚燒了牆壁和屋頂，煙焰從各處合攏，彌漫了整個城門，縣令一家都被燒成灰燼。吳堪和他的妻子則不知去向了。這個縣從此往西遷移了幾里，也就是今日的縣城。

◈常州義興縣，有鰥夫吳堪，少孤無兄弟，為縣吏，性恭順。其家臨荊溪，常於門前，以物遮護溪水，不曾穢污。每縣歸，則臨水看翫，敬而愛之。積數年，忽於水濱得一白螺，遂拾歸，以水養。

自縣歸，見家中飲食已備，乃食之。如是十餘日。然堪為隣母哀其寡獨，故為之執爨，乃卑謝隣母。母曰：「何必辭，君近得佳麗修事，何謝老身。」堪曰：「無。」因問其母。母曰：「子每入縣後，便見一女子，可十七八，容顏端麗，衣服輕豔，具饌訖，即却入房。」堪意疑白螺所為，乃密言於母曰：「堪明日當稱入縣，請於母家自隙窺之。可乎。母曰：「可。」明旦詐出，乃見女自堪房出，入廚理爨。堪自門而入，其女遂歸房不得。堪拜之，女曰：「天知君敬護泉源，力勤小職，哀君鰥獨。勑余以奉媲。幸君垂悉，無致疑阻。」堪敬而謝之。自此彌將敬洽。閭里傳之，頗增駭異。

時縣宰豪士聞堪美妻，因欲圖之。堪為吏恭謹。不犯笞責。宰謂堪曰：「君熟於吏能久矣。今要蝦蟆毛及鬼臂二物。晚衙須納，不應此物，罪責非輕。」堪唯而走出，度人間無此物，求不可得，顏色慘沮，歸述於妻，乃曰：「吾今夕殞矣。」妻笑曰：「君憂餘物，不敢聞命。二物之求，妾能致矣。」堪聞言，憂色稍解。妻曰：「辭出取之。」少頃而到。堪得以納令。令視二物，微笑曰：「且出。」然終欲害之。

後一日，又召堪曰：「我要蝸斗一枚，君宜速覓此，若不至，禍在君矣。」堪承命奔歸，又以告妻，妻曰：「吾家有之，取不難也。」乃為取之。良久，牽一獸至，大如犬，狀亦類之，曰：「此蝸斗也。」堪曰：「何能。」妻曰：「能食火。奇獸也，君速送。」堪將此獸上宰，宰見之怒曰：「吾索蝸斗，此乃犬也。」又曰：「必何所能。

曰：「食火。其糞火。」宰遂索炭燒之，遣食，食訖，糞之於地，皆火也。宰怒曰。用此物奚為。」令除火埽糞，方欲害堪，吏以物及糞，應手洞然。火颸暴起。焚爇牆宇，煙焰四合，彌亘城門，宰身及一家，皆為煨燼，乃失吳堪及妻。其縣遂遷於西數步，今之城是也。

龍妻送珠

出自：《青瑣高議》

宋仁宗嘉佑年間，廣州有一位漁夫在深夜抓到一條大魚，有上百斤重，用船將大魚帶回了岸邊。等到天亮一看，那魚長著人的臉，海龜的身體，腹部下有幾十條腿，頸部以下有兩隻像人類的手，背部類似龜殼，再仔細看，脖子上還有濃密的短髮，腦袋後面還長著一隻眼睛。魚的肚子五彩斑斕，而且黑裡透紅。村人們都來圍觀，卻沒有人能叫出這種魚的名字。他向其他漁夫打聽，也沒有人認識這種魚。大家都說殺掉這條怪魚不吉利，那漁夫就把魚扛了回家，想要找人辨別這魚的來歷。他把魚放在院子裡，用塊破草蓆蓋著。

夜裡，院子傳來細細小小的聲音，漁人從床上爬起來，想找出聲音是哪兒來的。他發現那聲音來自破草蓆底下，雖然細小，卻清晰可辨，就是那魚發出來的。漁人躡手躡腳地走近，靠近一聽，那魚說：「我因為爭執閒事離開天界，居然被網子抓到了！」漁人大吃一驚，不覺失聲驚叫，魚就再也不說話了。漁人認為這魚是怪物，打算把牠丟掉，並跟其他人談論這件事。

當時，有個名叫蔣慶的人是市場的管理員，他知道後，向漁人要走了這條怪魚，用巨大的竹簍將魚裝回，將魚放在堂前長廊裡，用東西蓋上。到了半夜，蔣慶悄悄地走過去偷聽，魚說：「我真不應該多嘴，現在又跑到另一家了！」一直到天明都沒有再說些什麼。

第二天，蔣慶有事外出。他的老婆孩子就圍著看魚，魚又說：「我快要渴死了。」看魚的人趕緊跑開，找到蔣慶並告訴他。蔣慶說：「去用家裡最大的盆子裝牠，再抽井水澆灌。」到了傍晚，魚又說：「這不是我吃的東西。」蔣慶問抓到魚的漁夫，才知道魚是從海裡打撈來的，於是趕緊派僕人取來海水養魚。

當天夜裡，蔣慶和妻子又一起偷聽，魚說：「放我者生，留我者死。」蔣慶的妻子很害怕，就對蔣慶說：「你趕快把魚放了，不要招禍。」蔣慶說：「怕什麼，我偏不放！」

又過了兩天，蔣慶借著三分酒意，拿一把刀到大魚面前祝禱，說：「你既然能講話，定是海中有靈性的魚，你實話實說，我會把你放回大海。你要再悶不吭聲，我就用刀殺了你。」大魚立刻說：「我是龍王的妻子，因為小事和丈夫爭吵，我賭氣離家，游到近海，不料卻誤入魚網被漁人捉住。你殺了我，對你沒什麼好處；但若放了我，我會重重報答你。」蔣慶就用小船將怪魚載到大海，放了牠。

過了半年，一天蔣慶在市場漫步，有人拿著頂級的珍珠兜售。蔣慶很喜歡那珍珠，就去詢價，賣珠人說：「五百貫錢。」蔣慶認為相當便宜，便先付了一半的錢當作訂金。賣珠人說：「我認得您，您先把珍珠拿回去，我明天到您府上取錢。」說完就走了。後來那人並沒有來取錢。蔣慶在家裡想：「這珍珠價值數千金，我買得夠便宜了，他卻還沒有來向我收錢，太奇怪了！」後來，蔣慶又遇見那個賣珠人，蔣慶要他來取錢。那人說：「是龍王的妻子要我拿珍珠來報答您不殺之恩。」說完，那人就走遠了。

◈嘉佑歲中，廣州漁者夜網得一魚，重百斤，舟載以歸。洎曉視之，人面龜身，腹有數十足，頸下有兩手如人手，其背似鱉，細視項有短髮甚密，腦後又有一目，胸腹五色。皆紺碧可愛。眾漁環視，莫能知其名。詢諸漁人，亦無識者。眾謂殺之不祥，漁人以復荷而歸，求人辨之。置於庭下，以敗席覆之。

夜切切有聲，漁者起，尋其聲而聽之。其聲出於敗席之下，其音雖細，而分明可辨，乃魚也。漁者躡足附耳聽之，云：「因爭閒事離天界，卻被漁人網取歸。」漁者不覺失聲，則魚不復言。漁者以為怪，欲棄之，且倡言於人。

有市將蔣慶知而求之於漁者，得之，以巨竹器荷歸，復致於軒楹間，以物覆之。中夜則潛足往聽之，魚言云：「不合漏泄閑言語，今又移來別一家。」至曉不復言。

明日，慶他出，妻子環而觀之，魚或言曰：「渴殺我也。」觀者回走，急求慶而語之。慶曰：「我載之以巨盆，汲井水以沃之。」及暮，魚又言曰：「此非吾所食。」慶詢漁者，魚出於海，海水至鹹，慶遣僕取海水養之。

是夜慶與妻又聽之，魚曰：「放我者生，留我者死。」妻謂慶曰：「亟放出，無招禍也。」慶曰：「我不比人，安懼？」竟不放。

更後兩日，慶乘醉執刀臨魚而祝曰：「汝能言，乃魚之靈者。汝今明言告我，我當放汝歸海。汝若默默，則吾以刀屠汝矣。」魚即言曰：「我龍之幼妻也，因與龍競閒事，我忿然離所居至近岸，不意入於漁網中。汝若殺我，無益。放我，當有厚報。」慶即以小舟載入海，深水而放之。

後半年，慶遊於市，有執美珠貨者。慶愛之，問其價，貨者曰：「五百緡。」慶以為廉，乃酹之半。貨者許諾曰：「我識君，君且持珠歸，吾明日就君之第取其直。」乃去，後竟不來。慶歸，私念：「此珠可直數千金，吾既得甚廉，又不來取直，何也？」異日復見貨珠人，慶謂來取價，其人曰：「龍之幼妻使我以珠報君不殺之恩也。」其人乃遠去。

關於《青瑣高議》

宋代筆記故事集。編著者劉斧，生平不詳。他或自己撰寫，或採集前人故事改寫，或輯錄他人作品，有些篇章後面加上了作者的評議。本書內容主要是志怪、傳奇和異聞瑣事，語言通俗，有不少篇成為後世話本小說的本事來源，例如馮夢龍《喻世明言》和《警世通言》中的〈陳希夷四辭朝命〉、〈李公子救蛇獲稱心〉及〈宿香亭張浩遇鶯鶯〉等故事，即來自於本書。

楚元王不殺仁鹿

出自：《青瑣高議》

楚王剛打完一場勝仗，凱旋歸來，率領大臣們在雲夢澤大舉打獵。忽然有一大群約一萬多頭的鹿往山頂跑去，楚王帶著部隊在後緊追不放。

到了晚上，這群鹿被圍困在一個大山谷裡，四面聳立著像牆壁一樣陡峭的山崖，中間只有一條狹窄的山路通往山凹處。楚王說：「很晚了，留下些部隊堵住牠們的退路，明天將這群鹿全捉了，上天看我軍辛苦，特地賜下禮物給我啊！」天一亮，楚王命令集中兵力環繞谷口，他自己也手持弓箭，做好圍獵的準備。

忽然，有一隻巨鹿跳出重圍，跑到楚王面前，牠跪下前膝，口裡說著人話：「我是這群鹿裡的大王，不幸成為大王您的獵物，如今已走投無路，也知道大王想要全數捕來慰勞軍隊。我請求大王能赦免我們，並希望您能聽聽我說，再請大王裁決。」楚王說：「你有什麼話想說？」鹿王說：「我聽說，古時候的人不會放乾池水捉魚，不會燒光山林捕獸，不會拿鳥巢裡的蛋，不殺幼小的野獸。因為他們有慈悲之心，才能使萬物生生不息。舜的屋簷下住著鳳凰，商湯下令撤除鳥網，所以飛禽們感激他。人與鹿雖然不同，但我們愛惜自己性命的道理卻是一樣的呀！我每天送一隻鹿給大王，大王的廚房就不會匱乏，我們也得以生存繁衍，大王也不怕沒有佳餚美味，假若大王將我們這群鹿全數捕獲，我們絕種了，大王以後吃什麼呢？這樣做對您有什麼好處呢？請大王考慮！」

聽完這席話，楚王就把弓箭扔到地上，說：「你是王，我也是王，你愛你的同類，跟我愛我的臣民，有什麼不同呢？天下的生命都一樣重要啊！」於是下令：「有敢殺鹿的，與殺人同罪！」楚王又告訴鹿王說：「回去告訴你的同類，我會看著你們平安走出山谷。」就讓鹿王先走，楚王登上山頂觀望。

巨鹿回到鹿群中，把楚王的意思告訴牠們。接著，鹿王走在前頭，其他的鹿緊緊跟隨，發出呦呦叫聲走出山谷，楚王感觸良多，便帶著大家返回國都了。

後來，楚國討伐吳國沒有取勝，只好撤回。吳國為了報復楚國，大肆侵犯，楚國無力招架，只好深挖戰壕，加高堡壘、加固城牆，力圖挫挫敵軍銳氣，楚國又到處布署疑兵以迷惑敵人，使用反間計，但吳軍鬥志還是很旺盛，楚王每天擔心得不得了。

有一天晚上，吳軍的營地外，聲音震耳欲聾，彷彿千軍萬馬，吳軍以為鄰國援楚的救兵到了，趕緊連夜撤退。楚王非常驚奇，第二天環繞著吳營察看，只見地下到處都是鹿的蹄痕，楚王坐在郊外，見到之前那隻巨鹿突然到來，說：「今天我是來報恩的。我趁著沒有月光的黑夜，引了幾萬頭鹿繞著吳軍營地，他們以為是楚國的援軍到了，於是連夜遁逃。」楚王感謝地說：「我要報答你，你想要什麼呢？」鹿說：「我是鹿，吃的是野草，飲的是溪水，要什麼報答呢？只想跟大王說，楚國的國土包含九澤四湖、有萬里之廣，地理環境負山背水，天下沒有比楚國更強的。再加上有山林魚鹽的資源，豐富的海產山珍，要是能行仁政，時時體恤百姓，輕易就可以變成霸主。別的國家不行仁義，您去討伐的話，對方人民都會打開城門讓您的軍隊進入，這就是不戰而勝。然而您不行仁政，到處征戰，之前吳國侵略楚國，就是因為您先向他們發起戰爭。您要是能愛護百姓，行仁義之事，輕易就能擁有天下，這不是很好嗎？」楚王說：「說得太好了！」接著說：「我要為你立廟，以表彰你的仁德。」於是把這座山命名為仁鹿山，山谷叫仁鹿谷，廟叫做仁鹿廟。

◈楚元王在鬱林凱旋，大獵於雲夢之澤，有群鹿萬餘趨於山背，王引兵逐之。值晚，鹿陷大谷，四面壁立，中惟一鳥道，盡入曲阿。王曰：「晚矣，以兵塞其歸路，明日盡取此鹿，天賜吾犒軍也。」既曉，王令重兵環谷口，王自執弓矢。

有一巨鹿突圍而入，至於王前，跪前膝若拜焉。口作人言曰：「我鹿之首也，為王見逐奔走，逃死無地，今又陷絕谷。王欲盡取犒軍，乞王赦之，願有臆說，惟王裁之。」

王曰：「何言也？」鹿曰：「我聞古者不竭澤，不焚山，不取巢卵，不殺乳獸，由是仁及飛走，鳥獸得以繁息。舜積仁而鳳巢閣，湯去羅而德最高。人與鹿雖若異也，其於愛性命之理則一焉。吾欲日輸一鹿與王，則王庖之不虛，吾類得以繁息，王得食肥鮮矣。若王盡取之，吾無噍類矣，王將何而食焉？於王孰利也？王宜察之！」

王乃擲弓矢於地，言曰：「汝亦王也，吾亦王也，汝愛其類，何異吾愛其民。傷爾之類，乃傷吾之民也。」王乃下令云：「有敢殺鹿者，與殺人之罪同！」王謂鹿曰：「歸告爾類，吾將觀爾類之出谷。」乃先令鹿行，王登峰而望焉。

巨鹿入群鹿中，如告如訴。巨鹿前引，群鹿相從，呦呦和鳴而出谷。王嘆惋還國。

後王軍伐吳不勝而還，吳王復侵楚，楚王與吳戰，又失利。楚王乃深溝高壘，堅壁以老吳師。楚多為疑兵，然吳兵尚銳，楚王深慮焉。

吳軍一夕還營，若萬馬奔馳，吳軍為鄰國救至，乃遁去。楚王明日繞吳營，見鹿跡無數環其營。王坐郊外，見向巨鹿突至曰：「今日乃是報恩焉。吾乘月黑引萬鹿馳繞其營，彼必為救至，乃遁去。」王勞謝曰：「今欲酬子，將欲何物？」鹿曰：「我鹿也，食野草而飲溪水，又安用報也？願有說上陳：楚含九澤，包四湖，回環萬里，負山背水，天下莫強焉。加有山林魚鹽之利，蝦蟹果慄之饒，苟能善修仁德，勤撫吾民，可坐取五伯。彼不修仁義，毒其人民，王從而征之，彼將開門而內吾軍，此不戰而勝者也。王不修仁德，而事征伐，向吳之侵楚，乃王先伐之也，何不愛民行仁義，坐而朝天下，豈不美也？」王曰：「善哉！」王曰：「吾為子立廟，以旌爾德。」乃名其山曰仁鹿山，谷曰仁鹿谷，廟曰仁鹿廟。

第四部　在這些國家，動物或昆蟲當道

在幻想的國度，所有的不可能都變得可能，
它既是現世的對照，也是想像的寄託……

薛偉變魚記

出自：《續玄怪錄》

唐代有位名叫薛偉的人，在乾元元年時擔任蜀州青城縣掌管印鑑的主簿，同時期當官的還有縣丞鄒滂、縣尉雷濟和裴寮。這年秋天，薛偉病了七天，忽然奄奄一息，就像死去了一般，叫他也沒有反應，只剩胸口還有些餘溫，家人不忍心立刻收殮，就在身旁侍奉。過了二十天，薛偉居然長長地噓了一口氣，醒轉坐了起來，對旁邊僕人說：「我不知道人間是過了幾天了？」僕人回答：「已經二十天了。」他又說：「幫我去看一下同僚們是不是正在吃魚膾？告訴他們我醒來了，有些稀奇的事情。請他們幾位放下筷子過來聽聽吧。」僕人跑去一看，幾個官員確實正準備吃魚膾，就說了薛偉交代的事，同僚們於是都放下筷子前來。

薛偉說：「諸位是派司戶的僕役張弼去弄了條魚來吧？」大家說：「對呀。」薛偉又問張弼說：「打魚的趙干把大鯉魚藏起來，用小魚來交差。但你們找到他藏在蘆葦叢裡的大魚，將大魚帶了回來，正要進縣衙時，看見有個司戶吏坐在衙門東邊，有個糾曹吏坐在衙門西邊，正在下棋。到了階下，鄒大人和雷大人正在玩博戲，裴大人在吃桃子。張弼回來講了趙干將大魚藏起來的事，裴大人就命令用鞭子抽他。之後將大魚交給廚師王士良。王士良很高興，就將魚殺了。剛剛我講的這些都對吧？」他輪流問大家，都說沒錯。大家疑惑道：「你是怎麼知道的？」薛偉說：「因為剛才殺的大鯉魚就是我呀！」大家驚恐地說：「你快仔細說來聽聽。」

薛偉說：「我一開始發病時，覺得又悶又熱好難受，當時忘了自己正在生病，只希望能想個辦法涼快些，拄著手杖就走，也不知道自己是在夢中。出了城門後，我心裡就舒暢極了，覺得大概籠中鳥和欄中獸被放出來，心境也不如我這般自由吧。我慢慢的走入山裡，後來越走越悶，就索性下了山，在江邊散步。只見那江潭深邃幽靜，滿山秋色十分宜人，水面上沒有一絲波瀾，像是明鏡般映照著長空。忽然我動了一個念頭，將衣服脫了放在岸邊，縱身跳入水中。我從小就喜歡玩水，長大後，卻再也沒有下水游泳過，這次能縱情適意的玩水，終於實現了多年的心願。我一邊游水一邊自言自語：『人游泳到底還是趕不上魚戲水的快樂，怎樣才能夠暫時變成魚，痛痛快快的暢游呢？』沒想到身旁有條魚說：『只怕您不願意而已，要變成真正的魚很容易，更何況只是想暫時變一下，我給您想想辦法吧。』接著就很快游走了。不一會兒，有個長著魚頭的人，高約數尺，騎著一條大鯇而來，幾十條魚在旁前導跟隨。那個人宣讀河伯的詔書說：『在陸地上住和在水中游，生活的方式並不同，人如果沒有相當大的興趣，是不會熟悉水性的。薛偉心裡希望能在深水中暢游，嚮往幽閒而空曠的地方，喜歡遼闊的水域，醉心清澈的江河，厭惡那官場的複雜人事，想要棄官離開塵世，暫時變成魚類，但也不是永遠脫離人形，那麼，可權充東潭的紅鯉魚。不過，如果掀起波濤而弄翻了船隻，是會犯下罪孽的；如果認不清釣鉤而吞食了魚餌，也會被釣上岸，受人宰割。請千萬小心謹慎，切勿失足，不要給同類帶來羞恥。要警惕在心！』

聽完詔書後，我再一看自己，已經變成魚了。於是，縱身入水游泳，想到哪兒就到哪兒。或在波上跳躍，或在潭底潛伏，到處從從容容。三江五湖，沒有不游個痛快的，但因為分配留在東潭，每天到傍晚還是必須回來。不久，我餓得厲害，又找不到吃的，就跟著船游，忽然看見趙干垂下了釣鉤，魚餌芳香誘人，雖然心裡清楚應該戒備，但不知不覺就被吸引將嘴靠近了。我想：『我是個人啊，只是暫時化作魚，不能找到吃的，難道要吞釣鉤嗎！』便放棄魚餌離開了。一會兒，餓得更厲害，又想著：『我是個官員，開個玩笑變成了魚，縱使吞食了魚鉤，趙干豈能殺我？他一定會送我回縣衙的。』就吞食了釣餌。趙干收起釣線將我帶出水面。當他的手快捉到我時，我連聲的向他呼叫，可是趙干完全不理會，反而用繩子穿過我的鰓，把我繫在蘆葦間。不一會兒張弼走來說：『裴縣尉要買魚，要大的。』趙干說：『還沒釣到大魚，小魚倒有十來斤。』張弼又說：『奉命要大魚，怎能要小魚？』就自己動手在蘆葦間找到我，並拎了出來。我又對張弼說：『我是你們縣的主簿，外形變化成魚，在江河中遊玩，你還不拜見我！』張弼一點反應也沒有，拎著我就走，我怎麼罵也不理睬。

進了縣衙門後，看見幾位縣吏坐著下棋，我又大聲呼叫，卻沒有人回應，只是繼續笑著聊天說：『了不起，這魚怕有三、四尺長啊。』後來上了台階，又看到鄒、雷兩位正在玩博戲，裴大人在吃桃子。幾位都喜歡大魚，吩咐趕緊送到廚房料理。張弼講起趙干將大鯉魚藏起來，而用小魚交差之事，裴大人很氣憤，下令鞭打趙干。我又對各位大人呼叫說：『我是各位的同僚啊，現在我被捉住了，你們竟然不放了我，還催著殺我，這樣還算有仁有義嗎？』我哭著大叫，三位卻絲毫不為所動，把我交付給廚師王士良。王士良拿著刀，高高興興的將我扔在砧板上，我又大叫：『王士良，你是我經常使喚的廚師，你憑什麼殺我？為什麼不帶我去向官老爺解釋清楚？』王士良就像什麼也沒聽見似的，按著我的脖子在砧板上就砍，那魚頭一落，現實的我才終於醒來。於是，就叫大家過來了。」

在場的人都大吃一驚，並生起了惻隱之心。趙干釣上魚、張弼拎魚、縣衙下棋的人和三位官老爺在台階上看到魚，以及王士良準備殺魚時，都曾看見魚嘴一張一闔的，但確實什麼也沒聽見。之後，三位官老爺把那些魚膾都丟棄了，並且終身不再吃魚。薛偉漸漸康復，後來多次升官，官直做到華陽縣丞後才去世。

◈薛偉者，乾元元年任蜀州青城縣主簿，與丞鄒滂、尉雷濟、裴寮同時。其秋，偉病七日，忽奄然若往者，連呼不應，而心頭微暖。家人不忍即殮，環而伺之。經二十日，忽長吁起坐，謂家人曰：「吾不知人間幾日矣？」曰：「二十日矣。」曰：「即與我覷群官，方食鱠否？言吾已蘇矣，甚有奇事，請諸公罷箸來聽也。」僕人走視群官，實欲食鱠，遂以告，皆停餐而來。

偉曰：「諸公敕司戶僕張弼求魚乎？」曰：「然。」又問弼曰：「漁人趙干藏巨鯉，以小者應命，汝於葦間得藏者攜之而來。方入縣也，司戶吏某坐門東，糾曹吏某坐門西，方弈棋。入及階，鄒、雷方博，裴啖桃實。弼言干之藏巨魚也，裴五令鞭之。既付食工王士良者，喜而殺之，皆然乎？」遞相問，誠然。眾曰：「子何以知之？」曰：「向殺之鯉，我也。」眾駭曰：「願聞其說。」

曰：「吾初疾困，為熱所逼，殆不可堪。忽悶，忘其疾，惡熱求涼，策杖而去，不知其夢也。既出郭，其心欣欣然，若籠禽檻獸之得逸，莫我如也。漸入山，山行益悶，遂下遊於江畔。見江潭深淨，秋色可愛，輕漣不動，鏡涵遠空，忽有思浴意，遂脫衣於岸，跳身便入。自幼狎水，成人已來，絕不復戲，遇此縱適，實契宿心。且曰：『人浮不如魚快也，安得攝魚而健遊乎？』傍有一魚曰：『顧足下不願耳，正授亦易，何況求攝。當為足下圖之。』決然而去。未頃，有魚頭人長數尺，騎鯢來導，從數十魚，宣河伯詔曰：『城居水遊，浮沉異道，苟非其好，則味通波。薛主簿意尚浮深，跡思閑曠。樂浩汗之域，放懷清江；厭巘之情，投簪幻世。暫從鱗化，非遽成身。可權充東潭赤鯉。嗚呼！恃長波而傾舟，得罪於晦；昧纖鉤而貪餌，見傷於明。無惑失身，以羞其黨。爾其勉之！』

聽而自顧，即已魚服矣。於是放身而游，意往斯到。波上潭底，莫不從容。三江五湖，騰躍將遍。然配留東潭，每暮必復。」俄而飢甚，求食不得，循舟而行，忽見趙干垂鉤，其餌芳香，心亦知戒，不覺近口。曰：『我人也，暫時為魚，不能求食，乃吞其鉤乎！』舍之而去。有頃，飢益甚，思曰：『我是官人，戲而魚服，縱吞其鉤，趙干豈殺我，固當送我歸縣耳。』遂吞之。趙干收綸以出。干手之將及也，偉連呼之，干不聽，而以繩貫我腮，乃繫於葦間。既而張弼來，曰：『裴少府買魚，須大者。』干曰：『未得大魚，有小者十餘斤。』弼曰：『奉命取大魚，安用小者！』乃自於葦間尋得偉而提之。又謂弼曰：『我是汝縣主簿，化形為魚游江，何得不拜我？』弼不聽，提之而行，罵之不已，干終不顧。

入縣門，見縣吏坐者弈棋，皆大聲呼之，略無應者，唯笑曰：『可畏魚，直三四斤餘。』既而入階，鄒、雷方博，裴啖桃實，皆喜魚大，促命付廚。弼言干之藏巨魚，以小者應命，裴怒鞭之。我叫諸公曰：『我是公同官，今而見擒，竟不相舍，促殺之，仁乎哉！』大叫而泣，三君不顧而付鱠手。王士良者，方持刃，喜而投我於几上，我又叫曰：『王士良，汝是我之常使鱠手也，因何殺我，何不執我白於官人？』士良若不聞者，按吾頸於砧上而斬之。彼頭適落，此亦醒悟，遂奉召爾。」

諸公莫不大驚，心生愛忍。然趙干之獲，張弼之提，縣司之弈吏，三君之臨階，王士良之將殺，皆見其口動，實無聞焉。於是三君並投鱠，終身不食。偉自此平愈，後累遷華陽丞乃卒。

有此一說

人化魚的故事，在唐代的筆記小說還有《廣異記》的「張縱」及《酉陽雜俎》的「韓確」兩篇，本文當承「張縱」而來。但是在《廣異記》中，張縱是因為好食魚鱠而被罰為魚，然後被漁夫網起，遭到削鱗剪頭，隱含宗教戒殺生之意。而薛偉卻是「醉心清澈的江河，厭惡那官場的複雜人事」，想要暫化為魚，雖然文末也有不再食魚之說，但夢遊江潭和吞餌被釣的描寫，尤有莊周夢蝶以及濠梁觀魚之趣。

東海長鬚國

出自：《酉陽雜俎》

則天皇帝大足元年時，有個讀書人隨著外交使節要到朝鮮半島上的新羅國。海上遇到大風，將船吹到一個叫長鬚國的地方，這裡的人都長著長長的鬍鬚，說話像唐人一樣。此地人口眾多，房屋和衣服的式樣都和中國稍有差別，這地方叫扶桑洲，衙門的官品有正長、戢波、目沒、島邏等稱號。這個讀書人就依次晉見了幾處官府，非常受到當地人的歡迎和敬重。

有天，忽然來了幾十輛車馬，來人說是大王要召見客人，讀書人跟著走了兩天，才來到一座大城，有穿戴盔甲的士兵們守衛城門。使者引領讀書人進城拜見，這宮殿高大敞亮，儀仗威風，衛士隊伍非常浩大，就好像王宮一樣。讀書人跪下拜見，國王稍微欠了欠身，封讀書人為司風長並招為駙馬，公主外貌長得很美，只是臉上長著幾十根長鬚。於是讀書人成了威勢顯赫的皇親，家裡擁有許多珍珠、瑪瑙、玉石等各式寶物，但他每次退朝回家看到妻子的長鬚就很不開心。國王每逢十五月圓之夜就舉行宴會，他赴宴看到王宮內的妃嬪全都長有長鬚，就寫了一首詩：「花無蕊不妍，女無鬚亦醜。丈人試遣總無，未必不如總有。」國王大笑說：「駙馬一直對公主面頰和下巴長有長鬚之事耿耿於懷。」又過了十幾年，讀書人和公主育有一兒二女。

忽然有一日，國王和大臣們都愁眉深鎖，讀書人疑惑的詢問原因，國王哭泣說：「我國將有災難，很快就要大禍臨頭了，除了駙馬，沒有人救得了。」讀書人吃驚地說：「假如能夠消除災難，我赴湯蹈火也在所不辭！」於是國王命人準備船隻，派兩個使者陪他前往，並交代他說：「煩請駙馬前去拜見海龍王，就說東海第三海汊第七島的長鬚國有難求助。因為我國非常小，您一定要再三說明。」說著就哭哭啼啼的握手告別。

讀書人登上船後，沒多久工夫就靠了岸，岸上的沙子全都是寶物，人們的衣帽又長又大。他上前要求拜見龍王，龍宮的樣子就像佛寺內所畫的天宮一般，光線十分明亮，閃耀得讓人眼睛都要睜不開了。龍王走下宮殿的台階迎接，讀書人沿階梯一步步登上宮殿，龍王詢問了他的來意，他便一一回覆講明。龍王於是派人趕緊調查，過了許久，一人在殿外稟報：「境內並沒有這個國家。」讀書人苦苦哀求，說明長鬚國就在東海第三海汊第七島。龍王再次叱責他的使者，命令要仔細尋找查勘，火速上報。又等了大約一頓飯的工夫，使者回來稟告說：「這個島上的蝦應該是大王這個月的食物，前天都已經全部捉到了。」龍王笑著說：「客人一定是被蝦給迷惑了。我雖是龍王，但吃什麼要稟承上天的旨意，不是隨意想吃什麼就亂吃的。現在，我願意為你減食。」於是命令下屬領客人觀看。讀書人看到幾十口像房屋那麼大的鐵鍋，裡邊滿滿的裝著蝦，其中有五、六頭紅色的蝦，竟像人的胳膊那麼大。蝦一見到他就開始跳躍，好像求救似的，引路人說：「這就是蝦王。」讀書人忍不住哭泣起來，龍王命令放走盛有蝦王的這一鍋蝦，又派兩個使者送讀書人回到中國。一個晚上就到達山東登州，他回頭再看兩個使者，原來是兩條巨龍。

◈唐大足初，有士人隨新羅使，風吹至一處，人皆長鬚，語與唐言通，號長鬚國。人物茂盛，棟宇衣冠，稍異中國，地曰扶桑洲。其署官品，有正長、戢波、目役，島邏等號。士人歷謁數處，其國皆敬之。

忽一日，有車馬數十，言大王召客，行兩日方至一大城，甲士守門焉。使者導士人入伏謁，殿宇高敞，儀衛如王者。見士人拜伏，小起，乃拜士人為司風長，兼附馬。其主甚美，有鬚數十根。士人威勢烜赫，富有珠玉，然每歸見其妻則不悅。其王多月滿夜則大會，後遇會，士人見姬嬪悉有鬚，因賦詩曰：「花無蕊不妍，女無鬚亦醜。丈人試遣總無，未必不如總有。」王大笑曰：「駙馬竟未能忘情於小女頤頷間乎？」經十餘年，士人有一兒二女。

忽一日，其君臣憂慼，士人怪問之，王泣曰：「吾國有難，禍在旦夕，非駙馬不能救。」士人驚曰：「苟難可弭，性命不敢辭也。」王乃令具舟，命兩使隨士人，謂曰：「煩駙馬一謁海龍王，但言東海第三汊第十島長鬚國有難求救。我國絕微，須再三言之。」因涕泣執手而別。

士人登舟，瞬息至岸。岸沙悉七寶，人皆衣冠長大。士人乃前，求謁龍王。龍宮狀如佛寺所圖天宮，光明迭激，目不能視。龍王降階迎士人，齊級升殿。訪其來意，士人具說，龍王即令速勘。良久，一人自外白曰：「境內並無此國。」其人復哀祈，言長鬚國在東海第三汊第七島。龍王復叱使者細尋勘，速報。經食頃，使者返，曰：「此島蝦合供大王此月食料，前日已追到。」龍王笑曰：「客固為蝦所魅耳。吾雖為王，所食皆稟天符，不得妄食。今為客減食。」乃令引客視之，見鐵鑊數十如屋，滿中是蝦。有五六頭色赤，大如臂，見客跳躍，似求救狀。引者曰：「此蝦王也。」士人不覺悲泣，龍王命放蝦王一鑊，令二使送客歸中國。一夕至登州，回顧二使，乃巨龍也。

烏衣國

出自：《青瑣高議》

唐代有個人叫做王榭，家住金陵，家境很富有，世代以航海經商為業。某一天，王榭準備航行到大食國（現今的阿拉伯），航行了一個多月，突然風雨交加，驚濤駭浪，烏雲陰暗得像濃墨一般。大浪有如山高，其中更有大魚出沒，又好像有龍在吟嘯，情況越來越危急。每每大浪一打來，所有人就彷彿被拋到空中，大浪一退去，就好像被擲下山谷，全船的人被巨浪拋得坐立不穩，顛撲翻滾，最後，船禁不起風雨，被打成為一堆碎片，王榭只能抓住浮木，載浮載沉，他勉強睜眼，只見各種海獸怪魚在四周繞游，全瞪著眼，張著大嘴，好像要把人吃掉一樣，王榭嚇得只好閉目等死。

就這樣過了三天，王榭終於漂流到一片陸地，他上岸走了百來步，看見一位老先生和一位老太太，兩人都穿一身黑衣，年約七十多歲。那兩位老人高興地說：「這位正是我家年輕的小主人呀！你怎麼到這兒來的？」王榭將情況講了一遍，老人們就把他帶回家，給他吃的，都是一些海產魚鮮。過了一個多月，王榭身體完全康復，飲食也恢復正常。老人對他說：「到我國的人，應該先晉見國王，現在你痊癒健康了，可以去晉見國王了。」王榭答應了。

老先生帶領著他進入都城，走了三里多路，經過市場和百姓居處都非常熱鬧。又走過一座長橋，才看見連綿相接的宮室和亭台，就像是王公貴族的住所。王榭到了一座大殿門口，守門人進去通報。不久，一位衣著華麗的女子出來，傳話說：「國王要召見你。」進去一看，國王坐在大殿上，左右全站著宮女。國王穿著黑色衣服，戴著黑色王冠。王榭走到殿階叩拜，國王說：「你是外地人，不必拘守我國的禮，不用拜了。」王榭說：「既然到了貴國，哪能不叩拜呢？」於是國王也躬身作謝。他看到王榭的態度恭謹，心情更加愉悅，召王榭上殿賜坐，說：「敝國弱小而遙遠，先生怎麼會來到這裡？」王榭說因為遇到風浪毀壞船隻，才無意中到達此地，希望國王垂憐。國王又問：「你現在住在哪兒？」王榭回答：「住在老人家裡。」國王於是召見老人進殿。老人進來，跪著說：「這是我家鄉的主人，今天旅行到這裡，我會把他照顧得無微不至。」國王說：「有什麼需求只管講，我也會好好款待他。」仍然讓王榭回到老人家居住。

老人有一個女兒，長得很漂亮，平時會端茶給王榭喝，不然就躲在門簾、窗口邊偷看。一天，老人和王榭飲酒，酒興正濃時，王榭對老人說：「我王某離鄉背井，倚靠您得以生活，而且就像在家裡一般。您老人家對我如同再造父母，但是我畢竟離家萬里，一人形單影隻，只怕會憂鬱成疾，一旦臥病不起，怕又得連累您老人家了。」老翁說：「老身正想提此事，又怕冒犯您。我家有小女，才十七歲，是在主人家生的。我想跟您家締結為親家，這樣您在外也不會孤單一人，如何？」王榭開心地答應，老人就擇吉日舉行婚禮，國王也賜美酒佳餚和采禮，幫助王榭成婚。

成親後，王榭仔細端詳老人的女兒，漂亮的眼睛像一池秋水，臉龐紅潤如花，秀髮烏亮，而且體態輕盈，腰肢細軟，就像要飛起來般婀娜多姿。王榭詢問她這個國家的名字，她說：「叫烏衣國。」王榭又問：「老人常常稱我為主人，但是我又不認識他，也沒有使喚過他，為什麼他要這麼說呢？」女子說：「以後你就明白了。」之後，他們常在一起宴飲歡樂，但席間女子卻常常淚眼婆娑，依偎著王榭，愁容滿面，王榭緊張地問：「是我哪裡不好嗎？妳怎麼老是哭呢？」女子回答：「恐怕我們不久要分離了。」王榭說：「我雖說是漂泊至此寄居他鄉，但是有了妳之後，這裡就是我的家啊，妳為什麼要提起離別的事？」女子說：「冥冥中皆有注定，由不得人。」

國王召見王榭，在寶墨殿設宴，所有器具都是黑色，連亭下的樂器也是如此。音樂美妙，但是不知曲名，國王下令用玄玉杯勸酒，說：「到我國的外邦人，從古至今只有兩人，在漢代有梅成，今天又有足下。希望您能寫篇佳作，日後傳為美談。」於是送上紙墨，王榭作成了一篇詩相贈：「基業祖來興大舶，萬里梯航慣為客。今年歲運頓衰零，中道偶然罹此厄。巨風迅急若追兵，千疊雲陰如墨色。魚龍吹浪灑面腥，全舟盡葬魚龍宅。陰火連空紫焰飛，直疑浪與天相拍。鯨目光連半海紅，鰲頭波湧掀天白。桅檣倒折海底開，聲若雷霆以分別。隨我神助不沉淪，一板漂來此岸側。君恩雖重賜宴頻，無奈旅人自悽惻，引領鄉原涕淚零，恨不此身生羽翼。」國王瀏覽詩篇，非常讚賞，說：「先生的詩作得很不錯。但先生不須苦苦思歸，不久就會讓你回家。雖說不能讓你插上翅膀，但也能讓你騰雲駕霧。」宴罷回家，各人都作了詩歌相和。女子對王榭說：「你獻給國王的詩，最後一句說『恨不此身生羽翼』，為什麼要譏笑我們呢？」王榭還是不懂女子說些什麼。

不久，海面上風和日暖。女子哭著說：「你回家的時候到了。」國王派人來傳令：「你該於某日回家了，請與家人道別吧。」女子置酒餞別，只是悲泣，說不出話，模樣就像給雨水沖刷過的嬌花，讓露水沾濕的弱柳，有如經風雨摧殘的落花敗葉，香消體瘦。女子還作了一首送別詩相送：「從來歡會惟憂少，自古恩情到底稀。此夕孤幃千載恨，夢魂應逐北風飛。」女子又說：「從此我再也不到北方去了。否則讓您見到我異於今日的面貌，您會討厭我的，更別說憐愛我了。而我看見您的生活也會嫉妒。從今而後，我就老死在這兒罷了。此地所有的一切，你都無法帶走，這並不是因為我們小氣。」她叫婢女取來一丸靈丹，說：「這種靈藥可以起死回生，只要人死不超過一個月，吃下去都可以死而復生。用法是在死者的胸前放一塊明鏡，將靈丹放在頸項上，用長在東南方的艾枝作灸柱，點燃後立刻就能活過來。這種靈丹本來祕不外傳，而且若不用崑崙山玉石做的盒子盛著，就不能過海。」女子剛好有個玉盒，便和靈丹一起送給王榭，綁在他左臂上，隨後痛哭告別。

國王說：「本國沒有什麼值得一送。」取來紙箋，也寫了一首詩贈別：「昔向南溟浮大舶，漂流偶作吾鄉客。從茲相見不復期，萬里風煙雲水隔。」王榭拜謝告辭。國王令人取來一頂叫做「飛雲軒」的黑氈轎子。國王叫王榭躺在轎中，又取了化羽池的池水，灑在轎子上。最後召喚老人夫婦來扶轎。王榭回頭告辭。國王告誡他說：「只要閉上眼睛，一會兒就會到家，你如果張開眼睛，就會墜入大海。」王榭閉上眼睛，只聽見耳邊風聲呼呼，怒濤滾滾。過了很久，睜眼一看，發現已經到自己家了。他坐在客廳裡，看看四周，空無一人，只見屋樑上雙燕呢喃。王榭抬頭看了一會，才驚覺想起，自己是去了燕子國。

不一會兒，家人出來慰問他，都說：「聽說你因遇到暴風船毀而死，怎麼有辦法再回來？」王榭說：「只有我一人靠一塊船板活了下來。」但也沒告訴他們自己到過的國家。

王榭離家時，他的小孩正好三歲。這時他沒看見小兒子，就問家人，家人告訴他：「孩子已經死了半個多月了。」王榭傷心大哭，猛然想起靈丹的事，便叫人開棺取屍，依法救治，孩子果然復生了。

到了秋天，兩隻燕子將要南歸，在院落間悲鳴。王榭呼喚牠們，燕子就飛到手臂上。王榭取了紙筆細細的寫了一首絕句，繫在燕尾上，詩中寫道：「誤到華胥國裡來，玉人終日重憐才。雲軒飄去無消息，淚灑臨風幾百回。」第二年春天，燕子回來了，他們停在王榭的手上，燕尾綁著一封小信箋。他取下一看，是一首絕句：「昔日相逢真數合，而今睽隔是生離。來春縱有相思字，三月天南無燕飛。」王榭看了很惆悵。第二年，那燕子就再也沒來了。

這事當時廣為流傳，人們便稱王榭所居之地叫烏衣巷。詩人劉禹錫《金陵五題》中還有首《烏衣巷》寫道：「朱雀橋邊野草花，烏衣巷口夕陽斜。舊時王榭堂前燕，飛入尋常百姓家。」由此可知王榭的事不是捏造的。

◈唐王樹，金陵人，家巨富，祖以航海為業。一日，樹具大舶，欲之大食國。行踰月，海風大作，驚濤際天，陰雲如墨，巨浪走山，鯨鰲出沒，魚龍隱現，吹波鼓浪，莫知其數。然風勢益壯，巨浪一來，身若上於九天；大浪既回，舟如墮於海底。舉舟之人，與而復顛，顛而又仆。不久舟破，獨樹一板之附又為風濤飄蕩。開目則魚怪出其左，海獸浮其右，張目呀口，欲相吞噬，樹閉目待死而已。

三日，抵一洲，捨板登岸。行及百步，見一翁媼，皆皂衣服，年七十餘。喜曰：「此吾主人郎也，何由至此？」樹以實對。乃引到其家。坐未久，曰：「主人遠來，必甚餒。」進食，肴皆水族。月餘，樹方平復，飲食如故。翁曰：「至吾國者必先見君。向以郎倦，未可往，今可矣。」樹諾。

翁乃引行三里，過闤闠民居，亦甚煩會。又過一長橋，方見宮室臺榭，連延相接，若王公大人之居。至大殿門，閽者入報。不久，一婦人出，服頗美麗。傳言曰：「王召君入見。」王坐大殿，左右皆女人立。王衣皂袍，烏冠。樹即殿階。王曰：「君北渡人也，禮無統制，無拜也。」樹曰：「既至其國，豈有不拜乎？」王亦折躬勞謝。王喜，召樹上殿，賜坐，曰：「卑遠之國，賢者何由及此？」樹以風濤破舟，不意及此，惟祈王見矜。曰：「君舍何處？」樹曰：「見居翁家。」王令急召來。翁至，曰：「此本鄉主人也，凡百無令其不如意。」王曰：「有所須但論。」乃引去，復寓翁家。

翁有一女，甚美色，或進茶餌，簾牖間偷視私顧，亦無避忌。翁一日召榭飲，半酣，白翁曰：「某身居異地，賴翁母存活，旅況如不失家，為德甚厚。然萬里一身，憐憫孤苦，寢不成寐，食不成甘，使人鬱鬱，但恐成疾伏枕，以累翁也。」翁曰：「方欲發言，又恐輕冒。家有小女，年十七，此主人家所生也。欲以結好，少適旅懷，如何？」榭答：「甚善。」翁乃擇日備禮，王亦遺酒肴採禮，助結姻好。

成親，榭細視女，俊目狹腰，杏臉紺鬢，體輕欲飛，妖姿多態。榭詢其國名，曰：「烏衣國也。」榭曰：「翁常目我為主人郎，我亦不識者，所不役使，何主人云也？」女曰：「君久即自知也。」後常飲燕，席之間，女多淚眼畏人，愁眉蹙黛。榭曰：「何故？」女曰：「恐不久睽別。」榭曰：「吾雖萍寄，得子亦忘歸，子何言離意？」女曰：「事由陰數，不由人也。」

王召榭，宴於寶墨殿，器皿陳設俱黑，亭下之樂亦然。杯行樂作，亦甚清婉，但不曉其曲耳。王命玄玉杯勸酒，曰：「至吾國者，古今止兩人，漢有梅成，今有足下。願得一篇，為異日佳話。」給箋，榭為詩曰：「基業祖來興大舶，萬里梯航慣為客。今年歲運頓衰零，中道偶然罹此厄。巨風迅急若追兵，千疊雲陰如墨色。魚龍吹浪灑面腥，全舟盡葬魚龍宅。陰火連空紫焰飛，直疑浪與天相拍。鯨目光連半海紅，鰲頭波湧掀天白。桅檣倒折海底開，聲若雷霆以分別。隨我神助不沉淪，一板漂來此岸側。君思雖重賜宴頻，無奈旅人自悽惻。引領鄉原涕淚零，恨不此身生羽翼！」王覽詩欣然，曰：「君詩甚好，無苦懷家，不久令歸。雖不能羽翼，亦令君跨煙霧。」宴回，各人作詩。女曰：「末句何相譏也？」榭亦不曉。

不久，海上風和日暖，女泣曰：「君歸有日矣。」王遣人謂曰：「君某日當回，宜與家人敘別。」女置酒，但悲泣不能發言。雨洗嬌花，露沾弱柳，綠慘紅愁，香消膩瘦。榭亦悲感。女作別詩曰：「從來歡會惟憂少，自古恩情到底稀。此夕孤幃千載恨，夢魂應逐北風飛。」又曰：「我自此不復北渡矣。使君見我非今形容，且將憎惡之，何暇憐愛？我見君亦有疾妒之情。今不復北渡，願老死於故鄉。此中所有之物，郎俱不可持去，非所惜也。」令侍中取丸靈丹來，曰：「此丹可以召人之神魂，死未逾月者，皆可使之更生。其法用一明鏡致死者胸上，以丹安於項，以東南艾枝作柱，灸之立活。此丹海神秘惜，若不以崑崙玉盒盛之，即不可逾海。」適有玉盒，併付以繫榭左臂，大慟而別。

王曰：「吾國無以為贈。」取箋，詩曰：「昔向南溟浮大舶，漂流偶作吾鄉客。從茲相見不復期，萬里風煙雲水隔。」樹辭拜，王命取飛雲軒來。既至，乃一烏氈兜子耳。命樹入其中，復命取化羽池水，洒之其氈乘。又召翁嫗扶持。樹回，王戒樹曰：「當閉目，少息即至君家。不爾即墮大海矣。」樹合目，但聞風聲怒濤，既久，開目，已至其家。坐堂上，四顧無人，惟梁上有雙燕呢喃。樹仰視，乃知所止之國，燕子國也。

須臾，家人出相勞問。俱曰：「聞為風濤破舟死矣，何故遽歸？」樹曰：「獨我附板而生。」亦不告所居之國。樹惟一子，去時方三歲，不見，乃問家人，曰：「死已半月矣。」樹感泣。因思靈丹之言，命開棺取尸，如法灸之，果生。

至秋，二燕將去，悲鳴庭戶之間。樹招之，飛集於臂，乃取紙細書一絕，繫於尾，云：「誤到華胥國裡來，玉人終日重憐才。雲軒飄去無消息，淚灑臨風幾百回。」來春燕來，徑泊樹臂，尾有小柬，取視，乃詩也。有一絕云：「昔日相逢真數合，而今暌隔是生離。來春縱有相思字，三月天南無燕飛。」樹深自恨。明年，亦不來。

其事流傳眾人口，因目樹所居處為烏衣巷。劉禹錫《金陵五詠》有〈烏衣巷〉詩云：「朱雀橋邊野草花，烏衣巷口夕陽斜。舊時王樹堂前燕，飛入尋常百姓家。」即知王樹之事非虛矣。

富小二與猩猩八郎

出自：《夷堅志》

金陵這地方有個生意人叫富小二，紹興年間曾經出海到大洋。有天，海上就快要掀起大風暴，他趕緊叫船工拋錨，收起桅杆和風帆作防備。但還來不及做完，船就被風暴掀翻了。當時富小二正好站在篷頂，就跟著船篷一起掉入大海中。他死命的抓住船篷，漂了很遠很遠之後到了一處海岸，他上岸走了一段路，放眼所見都是起伏的山巒，根本沒有人煙。富小二又餓又累，正好看到一片結滿桃李的果林，壓得樹枝都低垂了，就上前採食充飢。

過了一會兒，見到披頭散髮、外形像人的猩猩，一個接一個的跑過來。猩猩渾身長滿了毛髮，只以一些樹葉遮住身體。牠們看到陌生人都很開心，架著富小二就回到了居住的地方。猩猩的言語像鳥叫一般，但富小二隱約也能明白牠們的意思。牠們還過著沒有火的生活，天天採野果吃。整個島上有成百上千的洞穴，都住著同一種類的猩猩，雖然猩猩們住在高山深谷中，但牠們仍有倫理秩序，有固定的配偶，而不是混配雜居。牠們選了一位年輕漂亮的母猩猩當富小二的配偶，不久後他們就生了一個兒子。富小二從前就聽船上的老人講過，知道這裡是猩猩國，生下來的小孩長得像父親，只是身體有些長毛而已。起初，富小二的妻子總怕富小二逃走，只要牠一出洞，就用大石頭把洞口堵得緊緊的，或請其他猩猩來幫忙看守。但生了小孩後，母猩猩就不怎麼看守小二了，經常讓他自由行動，有時還一起到深山老林裡採摘果實。富小二料想自己今生今世是不可能回家了，但因妻子長得漂亮，心裡倒是也很安慰。

就這樣大約又過了三年，有一天富小二獨自帶著兒子在島上散步遊逛，看到林間樹梢後面露出了高高的船桅，他急忙跑到岸邊，對船主講了滯留在島上的原因，並請求船主帶自己走。船主答應了，富小二趕忙抱著兒子登船，沒有發現有猩猩追趕過來，好不容易終於回到了故鄉。

兒子長大後，富小二在街上開了間茶館讓兒子經營。兒子的性情極為溫和，人們都稱他為猩猩八郎。到現在茶館都順利經營著，富小二直到慶元年間都還活著。

◈金陵商客富小二，以紹興間泛海，至大洋，覺暴風且起，喚舟人下碇整帆檣以為備，未訖而舟溺。富生方立篷頂，與之俱墜，急持之，漂蕩抵絕岸。行數十步，滿目皆山巒，全無居室，飢困之甚，值一林，桃李纍纍垂實，亟採食之。

俄有披髮而人形者，接踵而至，遍身生毛，略以木葉自蔽。逢人皆喜，挾以歸，言語極啁啾，亦可曉解。每日不火食，唯啖生果。環島百千穴，悉一種類，雖在岩谷，亦秩秩有倫，各為匹偶，不相揉雜。眾共擇一少艾女子以配富，旋誕一男。富夙聞諸舶上老人，知為猩猩國，生兒全肖父，但微有長毫如毛。時慮富竄伏，才出輒運巨石窒其竇，或倩它人守視。既誕此男，乃聽其自如。時時偕往深山，摘採果實。自料此生無由返故鄉，而妻以韶秀，頗安之。

凡三歲，因攜男獨縱步，望林杪高桅，趨而下，為主人道其故，請得附行，許之，即抱男以登。無來追者，遂得歸。

男既長大，父啟茶肆於市，使之主持，賦性極馴，傍人目之為猩猩八郎，至今經紀稱遂。小二至慶元時尚存。

海述祖造船上天庭

出自：《觚賸》

明朝著名的清官海瑞，他的孫子海述祖風流倜儻，氣質非凡。因中原一帶諸多變故，海述祖不屑讀書科考，毅然決然想要飄洋過海增長見聞。他賣掉價值不菲的家產，用所得訂造了一艘大船，首尾有二十八丈長，象徵二十八星宿；船上房間則分為六十四間，象徵易經六十四卦；張開風篷時有二十四葉，象徵二十四節氣；桅杆高二十五丈，稱為「擎天柱」；頂上有兩隻大斗，象徵了太陽和月亮。這條船總共花了三年的時間才完工，述祖非常自傲的認為這是他獨特的創作，可以輕易的在海上乘風破浪。海邊有三十八個商人，一起出資租了海述祖的大船，要將貨物載到海外各國去做買賣，述祖就以經營這艘船的船務為生。

崇禎十五年二月，這艘船揚帆遠航，到了傍晚時，忽然颶風大作、白浪滔天，海中出現蛟、螭之類的怪物在船兩側翻騰跳躍。掌舵的師傅十分驚慌，無法控制。船隨風漂流到了一個地方，天色昏暗迷濛，也看不清楚身在何處。又過一會兒，終於風平浪靜，雲開霧散，遠遠的才看到六、七個官人，戴著高高的帽子，穿著寬大的服裝，拱手站立在水上，身邊的侍從人員有數百人，外貌又醜又怪，個個都披著魚鱗般的銀甲，有的拿著巨螯劍，有的扛著長鬚戟，舉著火把，提著燈籠，好像等待著什麼一樣。不知不覺，這條船就靠了岸，那些官人一個個高興的跳上船來，四周看了看，下了結論說：「這船不錯，可以用。」一便詢問船主是誰，海述祖不懂這些官人想要做什麼，也不敢馬上答應。

到了第二天早晨，官人們叫海述祖一起同去拜見大王。大約走了三里遠的路，道路兩邊都是潔白的玉石山，沒有一點塵土沾染。最後來到一座宮門前，宮門前還有兩條黃龍守護，周圍的矮牆，都用水晶疊成，光亮透徹，可以照見毛髮。海述祖猜想：「這裡大概就是龍宮吧。」又跨越了三重大門，終於進入了大殿。大殿的構造與人間的宮殿相似，既雄偉高大，又富麗堂皇，裡頭大得可以擺設千人宴席，高得可以容納十丈高的旗幟，難以一一描繪。大王此時才剛剛上堂，頭上用紅巾圍著兩隻肉角，穿著黃色的繡花袍，鬍鬚長到垂在腹部。官人們上前稟告說：「前次下令要取的兩艘船，很久都不曾出現，如今倒有一艘自己飄來的船，斗膽報告大王。」龍王說：「按照慣例，需要兩艘船來陳設貢品，現在少了一條，該怎麼辦呢？」官員們回答說：「朝貢的日期已經迫近，我們已經仔細察看了這艘船，它的構造上符天象，應該非常利於在天路上通行；況且這艘船是新造的，新穎乾淨又高挑寬大，如果把貢物料理好，等船到了王宮時，再依次陳設，好像也沒有什麼不妥。」龍王批准了呈奏，說：「那就把船上的凡人凡貨都卸下來，用神水沖洗乾淨，快快行動，不要耽擱了！」官員們唯唯諾諾應答著退下殿來，又回到船上，將船上的人貨全都卸下岸，安置在宮殿西邊的美玉池內。唯獨海述祖不肯前去，悄悄的問：「這些貢物要運往哪裡呢？」官人們回答：「貢物將運往天庭啊。」海述祖又說：「我雖是人間的平民百姓，但志氣高上雲霄，常常只嘆自己無法長出翅膀，難以叩開天庭九重門。今日有幸遇上奇緣，希望能讓我跟隨前往，開開眼界。」官人們說：「你是塵世間的凡人，跟去恐怕會觸犯天令啊，不行的。」其中一位官人說：「你在這裡寫下出生的年月日和時辰。」海述祖急忙寫好遞交給官人，這位官人看了看對大家說：「這個人命中有天賜的祿位，又是忠誠正直者的後人，就姑且答應他吧。」沒多久，就有幾百人抬著貢品，接連不斷而來。負責貢品的賚貢官先用神水灑遍了全船，然後把金葉表文，供奉在船的中樓上，接著又有兩位押貢官，將所有貢品寶物都安置好。海述祖偷偷看了貢單，只見上面寫著：紅珊瑚一座，大小共五十株；黃珊瑚一座，大小共七十株，高都為一丈四、五尺；夜光珠一百顆；火齊珠有二百顆，直徑有一寸五分；鮫人所織的薄紗五百匹；靈梭錦五百匹；碧珠二十斛；紅靺鞨寶石二十斛；玻璃鏡一百塊，直徑三尺，每塊重四十斤；玉屑一千斗；金漿一百器；五色石頭一萬方。還有其他各種名稱的珍奇貢品，不能一一記載。

安頓完後，官員大敲鼉鼓三遍，船才啟程。逆風行進時，兩條大魚夾著船像在飛行一般，白浪搖曳著，但船卻十分安靜平穩。道路沒有平坦或險惡，時間也沒有白天或黑夜的分別。半途中有一塊千仞高的石壁，截住了流水聳立著，石壁上題寫「天人河海分界」六個大字。官人們告訴海述祖：「以前張騫曾乘坐木筏來到這裡，卻無法通過；如今你能夠遠渡銀河，這可是件不得了的大事。」海述祖向官人們俯首表示感謝。又過了一頓飯的工夫，傳來大家呼叫的聲音：「南天關快到啦！」緊接著就進了南天關。賚貢官、押貢官整理好各自的朝服，抬寶物的差役們跟海述祖，都換上紅褐色的長衣，大家才陸續上岸陳設貢物。他們腳所踩踏的，都是軟金鋪成的地面，還用瑤石相間，鑲嵌成奇異幻麗的色彩。抬頭仰望，則是美玉砌成的宮闕與殿堂，絳紅色的樓房、青碧色的閣樓，都像是在縹緲中，忽近忽遠的無法測量。宮門下站了四名天官，他們身著官服，手拿笏板，隆重的向內傳旨，詔令賚貢官進入昊天門，賚貢官到神霄殿前呈表行禮。海述祖和其他差役則在天門外行磕頭禮，只聽見那音樂繚繞，傳來濃郁的香氣，飄忽不斷。緊接著又有兩個戴著星形帽、披著山岳形帔的接貢官來驗收貢品，並引領押貢官進入天門內。行禮完畢，玉帝詢問南方的民間疾苦，北方的戰爭情形，說了不少話，也不能盡述。後來又在恬波館被宴請一頓，最後，謝完恩在天門外，原地召集大家上船。

開船後，海述祖小睡片刻，恍惚間不知船航行幾千萬里遠，才又回到原先出發的地方。他向龍王提出要領回所押的貨物和同行的夥伴們。但龍王下令說：「你的船曾進入天宮，已經不能再歸還人間了。所有的夥伴在美玉池中，倒是應該讓你看一看。」於是海述祖前往美玉池，只見那三十八人都變成了魚，只有頭還是人的腦袋。海述祖十分悲痛傷心，那奪船的官人把他帶到另一間屋子，好言安慰他：「你的同伴，本來就命中註定要葬身魚腹，而現在變成了魚，也算是幸運了。而你，因為借了船，才饒恕你一死，這樣還有什麼好悲傷的呢？過一段時間，將有福建來的船路過此處，屆時，一定會送你回去。」後來每天照常供應海述祖食物。

海述祖就這樣住了很長的一段時間，才終於聽到有人來報告說：「福建的船隻到了！」龍王召見海述祖，賞賜他一袋黑白珍珠，跟他說：「這些應該夠償還你造船的費用了。」又命令小艇將海述祖送上福建船。海述祖抵達瓊山回到家裡時，已經是明崇禎十五年十二月了。家裡人早就聽說他在海外遭遇船難的消息，已經設立神主牌，辦妥了喪事。這時卻突然見到海述祖回來，喜出望外。海述祖也沒有細說其中緣故，只說是：「狂風颳壞了船隻，慶幸我抱住擎天柱才救回一命。」第二年，海述祖到了廣州，拿出袋中的珍珠，賣給外國商人，得了一筆巨款，用來買田養老。康熙三十五年時，廣東和尚方趾麟拜訪海述祖，才知道這事詳細的情況，而當時海述祖已經九十六歲高齡，但相貌卻仍像是五十歲的人那般年輕。

◈海忠介公之孫述祖，倜儻負奇氣，適逢中原多故，遂不屑事舉子業，慨焉有乘桴之想。斥其千金家產，治一大舶，其舶首尾長二十八丈，以象宿；房分六十四口，以象卦；篷張二十四葉，以象氣；桅高二十五丈，曰擎天柱，上為二斗，以象日月。治之三年乃成，自謂獨出奇制，以此乘長風破萬里浪，無難也。瀕海賈客三十八人，賃其舟，載貨互市海外諸國，以述祖主之。

崇禎壬午二月，揚帆出洋。行至薄暮，颶風陡作，雪浪黏天，蛟螭之屬，騰繞左右，舵師失色。隨風飄至一處，昏霾莫辨何地。須臾，雲開風定，遙見六七官人，高冠大帶，拱立水次。侍從百輩，狀貌醜怪，皆魚鱗銀甲，擁巨螯之劍，荷長鬚之戟，秉炬張燈，若有所伺。不覺舟忽抵岸，官人各喜，躍上舟環視曰：「是可用已。」即問船主為誰。述祖不解其意，匆遽聲諾。

詰朝，呼述祖同入見王。約行三里許，夾道皎如玉山，無纖毫塵土，至一闕門，門有二黃龍守之，周遭垣牆，悉以水晶疊成，光明映徹，可鑒毛發。述祖私念曰：「此殆龍宮也！」又逾門三重，方及大殿。其制與人間帝王之居相似，而輝煌巀嶪，廣設千人之饌，高容十丈之旗，不足言矣。王甫升殿，首以紅巾圍兩肉角，衣黃繡袍，髯長垂腹。眾官進奏曰：「前文下所司取二舟，久不見至，今有自來一舟，敢以聞。」王曰：「舊例二舟陳設貢物，今少一，奈何？」眾曰：「貢期已迫，臣等細閱此舟，制度暗合渾儀，以達天衢，允宜利涉。且復寬大新潔，若將貢物掤擋，俟到王宮，以次陳設，似無不可。」王允奏，曰：「徙其凡貨凡人，滌以符水，速行勿遲。」眾唯唯下殿，仍回至舟，將人貨盡押上岸，置之宮西琅玕池內。唯述祖不肯前，私問曰：「貢將焉往？」眾曰：「貢上天耳。」述祖曰：「述祖雖炎陬賤民，而志切雲霄，常恨羽翼未生，九閽難叩；幸遘奇緣，亦願隨往。」眾曰：「汝濁世凡人也，去則恐犯天令，不可。」中有一官曰：「汝可具所生年月日時來。」述祖亟書以進。官與眾言：「此人命有天祿，且系忠直之裔。姑許之。」俄頃，舁貢物者數百人，絡繹而至。齎貢官先以符水遍灑舟中，然後奉金葉表文，供之中樓。次有押貢官二員，將諸寶物安頓。述祖私窺貢單，內開：赤珊瑚林一座，大小共五十株；黃珊瑚林一座，大小共七十株，高者俱一丈四五尺；夜光珠一百顆；火齊珠二百顆，圓大一寸五分；鮫綃五百匹；靈梭錦五百匹；碧瑟瑟二十斛；紅靺鞨二十斛；玻璃鏡一百具，圓廣三尺，各重四十斤；玉屑一千斗，金漿一百器；五色石一萬方。其他殊名異品，不能悉記。

安頓已畢，大伐鼉鼓三通，乃始啟行。逆風而上，兩巨魚夾舟若飛。白波搖漾，練靜鏡平，路無坦險，時無晝夜。中途石壁千仞，截流而立，其上金書「天人河海分界」六大字。眾指示述祖曰：「昔張騫乘槎，未能過此。今汝得遠泛銀潢，豈非盛事！」述祖俯首稱謝。食頃之間，咸云：「南天關在望矣。」既而及關，齎貢官、押貢官各整朝服，舁寶諸役，俱易赭色長衣，亦令述祖衣之，登岸陳設。足之所履，皆軟金地，間以瑤石嵌成異彩。仰視瓊闕璇堂，絳樓碧閣，俱在飄渺之中，若近若遠，不可測量。門下天卿四員，冕笏傳旨，令齎貢官入昊天門，於神霄殿前進表行禮。述祖及眾役叩首門外，唯聞樂音繚繞，香氣氤氳，飄忽不斷而已。隨有星冠岳帔者二人，為接貢官，察收貢物，引押貢官亦入，行禮畢，玉音宣問南方民事，北方兵象，語甚繁，不盡述。各賜宴於恬波館，謝恩而出。於是集眾登舟。

述祖假寐片時，恍忽不知幾千萬里，已還故處。因啟領所押貨物與同行諸人。王下令曰：「述祖之舟，曾入天界，不可復歸人寰。眾伴在池，宜令一見。」則三十八人，俱化為魚，唯首未變。逑祖大慟，前取舟官引至一室，慰諭之曰：「汝同行人，命應皆葬魚腹，其得身為魚，幸也。汝以假舟之故，貸汝一死。尚何悲哉？候有閩船過此，當俾汝歸。」日給飲食如常。

居久之，忽有報者曰：「閩船已到。」王召見，賜白黑珠一囊，曰：「以此償造舟之價。」命小艇送附閩船，抵瓊山還家。壬午之十二月也。家人蚤聞覆溺之信，設主發喪，乍見逑祖，驚喜逾望。逑祖亦不言所以，但云狂風敗舟，幸憑「擎天柱」遇救得免。次年入廣州，出囊中珠，鬻於番賈，獲貲無算，買田終老。康熙丙子，粵僧方趾麟親訪逑祖，具得其詳。時逑祖年已九十六，貌如五十歲人。

關於《觚賸》

清初筆記小說。作者鈕琇，生卒年不詳。《四庫全書總目》認為本書所記明末清初雜事，從各種不同說法中折衷記錄，能補正史疏漏之處；而文辭幽豔淒美動人，頗有唐代傳奇遺風。觚是古人用來書寫的木簡，賸通「剩」，書名有記錄遺聞軼史等餘事的意思。

荀生與蟯螂城

出自：《諧鐸》

有個姓荀的讀書人，字小令，他有個奇特之處，全身會散發出蘭花般的香氣，因此有「香留三日」的美譽。有次他搭乘商船，在海上航行，忽然風浪大作，將船颳到了一座遙遠的小島，荀生下船登陸，頓時一股惡臭撲來，哽在咽喉，刺激著鼻子，荀生幾乎無法忍受。他正打算回頭登船快快離開，忽然出現了一位老翁，帶著一個短髮的小孩談笑著走過來。他們一見荀生，大為吃驚的說：「這傢伙怎麼如此骯髒啊，在此偷窺這塊淨土！不怕嚇壞路人嗎？」

荀生覺得他們奇臭，嚇得後退了三、四步，遠遠問他們姓氏。老翁也用手掩住了鼻子，遠遠站著對答說：「我姓孔，叫銅臭翁，這孩子叫乳臭小兒。我因為仰慕此處洞天福地、地靈人傑，從五濁村搬到這裡居住。承蒙鮑魚肆主人喜愛，說我與他的臭味相投，推薦我到逐臭大夫那兒負責掌管蟯螂城北門的鑰匙。你遍身的氣味難聞至極，如果不及早想辦法收斂隱藏，這毒氣可能污染村鎮，要是氣味聚集變成瘴癘傳染，那可不得了啊！」荀生想要解釋，但那老翁與小孩卻被他薰得嘔吐不止，用袖子蒙著臉飛快的逃走了。

荀生大為驚異，想要瞭解情況，就用兩個手指按著鼻孔往村子裡前進，只見前面有一處地方，城牆全用糞土塗抹，上面附有難以計數的推糞蟲（蜣螂），高聳屹立得像長城一般。荀生整整衣襟想要進城去，忽然聽到城中大聲喧鬧，眾人喊著：「瘴氣來了！瘴氣來了！快拿名貴的香料將瘴氣擋在門外啊。」荀生遠遠的斜眼看，到處都是野草腐菌一類最低賤的垃圾，被居民堆積如山。荀生越來越不理解，忍著惡臭繼續往前去。

城裡人見到了荀生，個個怕得狂奔逃跑，都不敢回頭，只顧著嘔吐。荀生也厭惡這裡的穢臭氣味，轉身就逃，眾人也喧嘩著驅趕他。荀生逃竄時一不小心失足掉入一個糞坑，用手支撐著站了起來，又氣又悔，簡直要他的命。此時，眾人已經追了上來，打算捆綁荀生。突然，他們又挨著用鼻子將荀生從頭到腳渾身聞了一遍，非常驚訝的說：「怎麼突然變得這樣好聞！真是化臭腐為神奇啊！」大夥兒趕忙向荀生謝罪，將他帶入賓館居住。這賓館用茅坑石作為臺階，用陰溝裡的泥巴粉刷牆壁，庭院下面還有個水池，但那水十分污黑，像墨汁一樣。荀生連忙脫掉骯髒衣跳入池中洗浴，卻越洗身上越臭，而且漸漸那臭味滲透進了體內。荀生急忙跳了起來，仍然拿了自己的衣服穿上。

第二天，有位叫馬通家的富商邀請他飲酒，商人迎接他到了一間房內，那門框上的橫匾寫著「如蘭」，旁邊的長廊上則寫著「藏垢軒」，長廊後面是間書房，題著「納污書屋」。宴會上只有臭爛的魚、腐敗的肉，沒有其他食物，調味佐料也都是些氣味濃烈的蔥蒜之類的醬末。荀生自從在黑池水中清洗過後，也漸漸不覺得這些東西氣味難聞了，他大吃大嚼。吃完，荀生還用手掏了一下喉嚨，那穢臭之氣往外衝。主人拍著手大笑說：「這氣味太好了！香和臭居然可以融合在一起了。」之前在海邊遇到的那位孔老頭聽說了這件大事，怎麼樣都不信，特地到賓館探訪。他一見到荀生，就驚愕的說：「先生真是潔身自好、品格高超的人呀！過去的那些怪味穢氣，都清除乾淨了。」後來他還和荀生成了莫逆之交。

荀生恐怕商船等他太久，前往孔家拜訪老翁要辭別。那老翁安排宴席為他餞行，又帶領荀生進入內室，只見那有三十六個糞窖，整齊的排列。糞窖中都裝了滿滿的金銀。老翁取出好幾錠赤金贈送給荀生，又喚了一位蓬頭垢面的女子出來，女子的模樣傾國傾城。老翁笑說：「她叫阿魏，就是那蒙受穢臭的西施的後代。您沒有家室，何不帶阿魏一起回家呢？」荀生拜謝老翁，就手捧黃金，帶著女子，回船上去了。

商人不見荀生已經半個月了，只能繫好船隻靜靜等待。商人遠遠望見荀生回來，都很歡喜，但荀生一上船，一股穢臭之氣讓眾人都不敢靠近。他將黃金擺在桌上，更是奇臭無比。等到阿魏上了船，臭氣盡除，大家心裡稍稍平定。

後來回到了家，荀生只要上街市遊玩，人們就掩住鼻子匆匆離開，只有與阿魏住在一起時，才不會感覺到臭味。荀生拿出老翁贈送的黃金要到市場上賣掉，人們聞了都大為憤怒，還非常無禮的擲還給他。過了三年，阿魏死了，荀生所到之處都無法與人相處，最後抱著那些黃金抑鬱而終了。

◈荀生，字小令，竟體芳蘭，有「香留三日」之譽。偶附賈舶，浮槎海上，忽腥風大作，引至一島。生捨舟登岸，覺惡氣熏蒸，梗喉棘鼻，殊不可耐。正欲回步，忽見一翁，偕短髮童談笑而來。見生，大駭曰：「何處齷齪兒，偷窺淨土？不怕道旁人嚇煞！」生怪其臭，退行三四步，遙叩姓氏。翁亦以手擁鼻，遠立而對曰：「予銅臭翁孔氏，此名乳臭小兒。因慕洞天福地，自五濁村移家於此。蒙鮑魚肆主人見愛，謂予臭味不殊，薦諸逐臭大夫，命司蜣螂城北門管鑰。汝遍體惡氣，若不早自斂藏，將流染村墟，鬱為時癘，其奈之何！」生欲自陳，翁與短髮童大嘔不止，蒙袂疾趨而去。生大異，欲徵其實，以兩指捺鼻而行。見一處，盡以糞土塗牆，四面附蜣螂百萬，屹如長城。生振襟欲入，忽聞城中大嘩曰：「瘴氣來矣！速取名香辟除戶外。」生遙睨之，牛溲馬勃，門外堆積如山陵，生益不解，忍氣竟入。見生者，狂奔駭走，不顧而唾。生亦惡其穢，反身而遁。眾喧逐之。生失足墮圂藩，撐扶起立，懊悶欲死。而眾已追及，欲縛生，遍體摩嗅，自頂至踵，忽大驚曰：「何頓薌澤若是，真化臭腐為神奇矣！」急謝過，引生居客館。廁石作階，溝泥堊壁。庭下有一池，色如墨，生解衣就浴，愈濯愈臭，且漸透入肌裡。生急起，仍取舊衣著之。

翊日，有富商馬通家招飲。延至一堂，顏曰「如蘭」，旁有一軒，曰「藏垢」，軒以後曰「納污書屋」。筵上無他物，餒魚敗肉，蔥灤蒜菹而已。生自浴後，亦漸不覺其臭，大啖之。已而自探其喉，穢氣噴溢。主人鼓掌而笑曰：「氣佳哉！蕉蕕可同器矣。」孔翁聞其事，不信，訪於客館。見生，愕然曰：「君真沾己自好人也。舊時羶行，糞除盡矣！」遂與訂莫逆交。

生恐賈舶久待，詣孔翁告別。翁張筵餞之，引入後室，見三十六糞窖，森森排列，窖中金銀皆滿。翁取赤金數錠以贈，並喚一女子出，蓬頭垢面，而天然國色，翁笑曰：「此阿魏，即蒙不潔西子後身也。君無室，盍挈之行。」生拜謝，捧金挈婦，辭別還舟。

賈人先生半月，維舟凝待，遙見生來，大喜。甫登舟，穢氣不可近。陳金几上，尤臭不可堪。及阿魏登舟，萬臭盡辟，眾心始安。

後歸家，生偶遊街市，人輒掩鼻而過。惟與阿魏居室，則不覺其臭。出所贈金易諸市，人大怒，擲而還之。三年，阿魏死，生所如不合，鬱鬱抱金而沒。

關於《諧鐸》

清代筆記故事集。作者沈起鳳（1741～?），是當時著名戲曲家。本書雖多記鬼神精怪故事，但實則有強烈的批判性，作者是藉這些故事揭露社會黑暗，諷喻人情世態。

螻蛄郡

出自：《諧鐸》

戴紵齋的孫子戴笠，性情豪邁，不修邊幅，平時喜歡閱讀《山海經》、《搜神記》和《述異記》之類的書。有一日，下著大雪，戴笠酒醉後午睡，見到一位官員帶著詔書前來對他說：「郡君召見您，請您快點上馬跟我們走。」戴笠也沒問他是誰，整理好衣服就出門了。只見門外有一位奴僕等著，牽著隻只有三尺多高的小馬，手中握著馬鞭。戴笠躍上馬鞍，那官員就在前引導出發。

到了一座亭子，他們解下馬鞍暫且休息了一下，只見亭子前，溪水澄清碧藍，有成千上萬朵的荷花競相綻放，嬌姿倒映水面上。戴笠奇怪的說：「如此寒冷的季節，怎麼開了這麼多的荷花？」那官員說：「現在正是新秋時節呢。」戴笠以為他故意胡說就斥責他。那位官員笑著解釋：「先生是中華人士，確實是缺少見識，因此才會少見多怪，讓我給先生解釋個大概。」戴笠這才唯唯聽從。那官員說：「我們的郡名叫螻蛄郡，離中華地方有四萬七千多里，中華的一日是我郡的一年，早晨是我們的春天，白天就是我們的夏季，傍晚是我們的秋季，夜裡就算是我們的冬季。我們沒有紀年的曆書，光看四時的草木判斷季節。現在荷花露出水面，那就是我郡的新秋時節，也就是中華的午時之後。」戴笠聽了大為驚奇，想要繼續詢問他，那官員突然吃驚的站起來說：「剛與先生講一番話，北風就已漸漸凜烈刺人了！」戴笠一回頭，果然見到荷花全數落盡，亭子外有幾株古梅，已經含苞吐蕊，漸漸凌雪綻放。官員催促戴笠上路，跨上馬鞍繼續前行。

終於到了一座城，木匾上寫著「延年」。那城裡的男女衣著，略略類似中華地區。但人們都在脖子上懸掛著金鎖，大概是有祈求延年益壽的意思吧。當時已近夜晚，就投宿在宮廷外的驛館。第二天，到了一座宮殿，那官員領著戴笠入宮晉見。那官員先繳回令旨。郡君斥責：「你去年夏天銜命出發，怎麼到今年春天才覆命？」那官員連忙謝罪。戴笠聽了，知道自己昨夜睡了一覺，蟪蛄郡就已經隔了一年。他在座下拜見，郡君連忙站起來拉住他：「愛卿可知道孤召你來此的緣故嗎？」戴笠回說：「小生愚昧，不敢猜測郡君高深的用意，還請明白曉諭。」郡君說：「孤家有一個女兒，一直沒有遇到好的對象。素仰先生大德，想許配與您。」戴笠叩恩致謝。這時，宮殿一角微微吹起南風，大約又到夏令了。郡君下令賜戴笠在招涼殿的清波池內洗浴，還呈上冰綃衣、荷花冠。領戴笠入麗雲宮，與郡主完成婚禮。那錦繡裝飾的宮殿，傳來陣陣仙樂，就像十二重瓊樓仙境，人間根本找不到這樣的銷魂之地。而後又引導戴笠入後宮之內，只見郡主烏黑亮麗的頭髮高高紮起，插上了一小枝丹桂，低著頭說：「深秋時節到了。」宮娥們馬上為郡馬換上了衣冠，在天香亭內設宴。酒過三巡，郡主站起身來，手拿酒杯祝郡馬長壽不老。並歌唱著：「人壽幾何，對酒當歌；當歌不醉，如此粲者何？」戴笠也用《天香桂子》的曲對答。郡主笑著說：「郡馬以為現在還是秋天嗎？」就喚宮娥捲起門簾，只見戶外冰凌垂掛屋檐前，皚皚白雪落在豔紅的山茶樹上。這時撤下酒宴，點上紅燭進入內寢。宮娥們逐漸散去，戴笠催促郡主快快卸妝就寢。郡主笑話他：「三十多歲的人當新郎，還這樣急於美色嗎？」戴笠笑說：「愛卿這蟪蛄郡以一天算一年，那麼春宵一刻確實是價值千金呀。」郡主也笑了起來，兩人吹滅了燭上床，蓋上繡花被，一同入夢。

到了早上太陽剛剛升起，宮娥們就爭先著報告海棠花開了。而太監奉郡君的旨意，來召郡馬參加櫻桃宴，三品以上的官員們都來陪侍。沒多久，見到一個小宮人進來，用五彩盤子呈上長命絲縷，郡君下令起駕，賜郡馬在洗馬河旁同觀龍舟競渡。只見那駕龍舟的人揚起桂槳蘭橈，船上飄揚著彩繡旗幟，魚龍在簫鼓聲中變幻出各種遊戲。但郡君一眼瞥見河畔垂柳漸漸變黃，就立刻下令回駕。一路上紅樓相連，珠簾高高捲起，筵席前擺滿了瓜果。正巧已到了農曆七月初七，這是天上牛郎織女相會，地上婦女們穿針乞巧的日子。

郡君一行人停止揮鞭，一路談笑指點，馬頭與馬頭相併慢慢前行。一時間，風雨交加，郡君對郡馬說：「這真是『滿城風雨近重陽』啊。」就趕緊一起縱馬揚鞭趕回宮廷了。等到他們進入宮中，宮娥奔出來稟告說：「郡主生了一個男孩，請郡馬爺參加洗紅宴。」郡君要戴笠進去探視郡主，只見那爐火燒得暖融融的床塌之上，有一個小孩正在玩耍武器和官印。一試那小孩啼聲，真是個英雄模樣，戴笠給兒子命名為阿英。從此，戴笠成天待在宮中，與小孩子戲耍，與妻子調笑。不到半個月的工夫，阿英已經行了加冠之禮，長大成人了。又過了幾天，郡君逝世，由郡馬暫代朝政。

有天，他見到郡主臉上出現皺紋，兩鬢斑白。郡主對他說：「妾身年紀大了。讓我為您納妾吧。」於是，又廣為甄選良家女子進入後宮。一天夜裡，戴笠與郡主在鴛鴦寢宮中，懷念著往事。戴笠忽然問道：「我來到這裡多少天了？」郡主回答說：「已經六十二年了。」戴笠說：「妳別開玩笑了。我還記得與妳定情那晚，我偷偷用指甲在妳背上搔癢，妳想把背轉過來不讓我搔，就仰臥在床，我就猛然起身靠了上去。妳還笑說：『我原本想明保棧道，卻被你暗度陳倉呀。』回想這情景，宛如昨日。」郡主笑說：「這對你來說不過是兩個月前的事啊，所以說起來歷歷在目。但對我來說，就好像是絳縣老人講幾十年前的往事一樣了。」戴笠聽了，垂著頭傷心喪氣，忽然懷想起家鄉故土，於是請求郡主和他一起回家鄉。郡主說：「山河環境都不相同，年序時間也不一樣。就請您自己暫時先回家去吧，恕妾身不能同行。」第二天，戴笠將朝政之事委託給阿英處理，整理好行裝作回家鄉的準備。郡主在宜春殿為他設宴餞行，哭著說：「妾身已至暮年，早晚要葬身黃土。如果你不嫌棄我年老白頭，希望你還能返來相聚。」後來又想：「轉眼間就已百年，怕你再來也無濟於事了。」阿英牽著父親的衣服哭泣起來。戴笠也很十分悲傷，戀戀不捨，不忍離去，朝臣們都等在哀蟬驛送行，情不自禁，流淚揮別。

回到家中，戴笠看見自己的肉身僵臥在床榻上，家人都圍成一圈仔細的看護著。戴笠登上床榻，身體就突然甦醒。戴笠詢問家人，他們說：「您醉酒昏死已經兩個月了。」戴笠大呼怪事。而後因為與郡主有返回之約，心中總是惦記，輾轉掛念。三個月後，戴笠才又在夢中回到了蟪蛄郡。他問起郡主，人們告訴他：「已經死去八十多年了，現葬在翠螺山。」又問及阿英，他們也說：「已經成仙了。」問及他過去所擁有的妃子們，他們則說：「都已經死了。」與朝廷中的臣子相見，已經沒有一個相識的。戴笠鬱鬱不樂的回家，醒來後嘆息說：「百年的富貴，不過是頃刻之間的過眼雲煙罷了。世上那些懂得道理的人，難道不是這樣想的嗎？」

◈戴笠，綷齋觀察孫也。性豪邁，脫略邊幅，好讀《山海經》及《搜神》、《述異》諸書。一日大雪，醉眠午榻，見貴官齎詔至，曰：「郡君見召，速請命駕。」戴亦不問為誰，整衣而出。見門外一奴，控果下駒，執策以俟。戴即躍登鞍上，貴官導去。

至一亭，解鞍暫憩。見亭前溪水澄碧，萬朵芙蕖，嬌映水面。戴曰：「如此嚴冬，那得有此？」貴官曰：「此新秋時也！」戴叱其妄，貴官笑曰：「君中華士，真少所見而多所怪！請為君言其崖略。」戴唯唯。貴官曰：「吾郡去中華四萬七千餘里，名曰蟪蛄郡。以日為年，朝則春，晝則夏，晚則秋，夜則冬，無紀年書，視四時草木以為侯。今芙蕖出水，吾郡之新秋，中華之午牌後也。」戴大奇，欲再詢之。貴官怒驚起曰：「與君一席話，朔風漸凜烈矣！」戴一回視，果見芙蕖盡落，亭外古梅數本，含苞吐蕊，漸作凌雪狀。貴官促行，仍跨鞍而去。

見一城，榜曰：「延年」。男女衣著，小類中華，而項上盡懸金鎖，蓋用以祈壽也。時已薄暮，就宿外館。明日，至一富殿，貴官偕戴入見。貴官先繳旨。郡君曰：「汝去夏將命去，至今春乃復命耶？」貴官謝罪。戴聞之，知昨宵一宿，已同隔歲，因就拜座下。郡君起曳之曰：「卿知孤相召之意乎？」對曰：「鯫生愚昧，未測高深，乞明諭。」郡君曰：「孤有息女，未遭良匹，慕君盛德，敬奉箕帚。」戴頓首謝。時殿角薰風微動，蓋又交夏令矣。命賜浴招涼殿清波池，進以冰綃衣、芙蓉冠，引入麗雲宮，與郡主成禮。錦天繡地，簫鳳笙鸞，瓊樓十二重，無此銷魂處也。旋導入後宮，見郡主綠雲高綰，旁插丹桂一小枝，俯首而語曰：「秋期深矣！」宮娥即為郡馬易冠服，設宴天香亭。酒三行，郡主起，執爵為郡馬壽，歌曰：「人壽幾何？對酒當歌。當歌不醉，如此粲者何？」戴亦答以《天香桂子》之曲。郡主笑曰：「郡馬尚以為秋耶？」命宮娥捲簾，則冰箸垂簷，雪正在山茶樹上紅也。乃撤酒筵，以紅燭導入內寢。宮娥漸散去，促郡主緩裝，郡主哂曰：「三十許人作新郎，尚如此急色耶？」戴笑曰：「卿此間以日為年，則春宵一刻洵千金值也！」郡主亦笑。遂滅燭登牀，繡衾同夢。

追朝暾甫上，而宮娥竟報海棠開矣。阿監奉郡君命，召郡馬賜櫻桃宴，三品以上盡陪侍。俄見一小宮人，以五彩盤進長命縷。郡君即命駕，敕郡馬於洗馬河同觀競渡。桂槳蘭橈，繡旗綵幟，魚龍百戲，迴翔簫鼓間。瞥見河畔柳漸作黃色，旋命回駕。一路紅樓，珠簾高卷，筵前瓜果，正兒女子穿針乞巧時。停鞭笑指，聯轡徐行，一時風交集。郡君謂郡馬曰：「此真『滿城風雨近重陽』也。」急縱馬而歸。比入宮，宮娥奔告曰：「郡主誕麟兒，請郡馬赴洗紅宴。」郡君命戴入視郡主，暖爐榻上，看兒提戈取印；試啼聲，真英物也，名曰阿英。由是戴日坐宮中，弄兒調婦。不半月，阿英已行冠禮。又數日，郡君薨，郡馬權攝朝政。

一日，見郡主面有皺紋，鬢斑斑作白色。郡主曰：「妾馬齒加長矣！請為君置妾媵。」於是廣選良家充掖庭。夜與郡主坐鴛鴦寢，話曩事。忽問曰：「予來幾日矣？」郡主曰：「六十有二年。」郡馬曰：「勿相戲。憶與卿定情時，潛以指甲搔背癢，卿匿背仰臥，於蓦起而就之。卿笑曰：『儂欲保棧道，特使汝度陳倉矣。』回思此景，宛然如昨。」郡主笑曰：「此君兩月前事，故言之歷歷。以妾視之，如絳縣老人對甲子矣！」

戴嗒焉若喪，低首籌思，忽懷鄉土，因乞與郡主同歸。郡主曰：「山川既異，歲序亦殊。君請暫歸，妾不能偕也。」明日，以朝政委諸阿英，束裝作歸計。郡主餞別於宜春殿，泣曰：「妾已暮年，旦晚或填溝壑。如不以白頭見棄，願一來。」繼而曰：「轉瞬百年，來亦恐無濟耳！」阿英亦牽次泣下。戴大悲，戀戀不忍去。聞朝臣盡候送於哀蟬驛，不得已垂淚而別。

比及家，見身僵臥榻上，家人環集省視。岸然登榻，豁焉而蘇。問諸家人，曰：「君醉死兩月餘矣！」戴大呼異事。因有重來之約，輾轉不釋於杯。後三月，復夢入其處。問郡主。曰：「死已八十餘年。今葬於翠螺山。」比問阿英。曰：「仙矣！」問舊所御妾媵輩，曰：「盡亡矣！」朝臣相見，無一識者，遂鬱鬱而反。醒而歎曰：「百年富貴，傾刻間耳；世有達者，不當作如是觀哉！」

蔣十三進翠衣國

出自：《螢窗異草》

甘肅和四川一帶有很多野生鸚鵡，當地人經常把牠們捕捉來當作寵物飼養。成都有個叫蔣十三的人，餵養了一隻很聰明的鸚鵡好幾年了。

有一天，飛來了一隻八哥停在樹梢上，稱呼鸚鵡為「能言公」，並隔著鳥籠和鸚鵡說話。牠詢問鸚鵡：「你有多少年沒去翠衣國遊歷了呢？」鸚鵡答說：「我丙年離開家鄉，丁年被羅網捕捉，如今居住在這鳥籠中又已經三年了；前後加起來算一算，都過了五年了。」八哥又問牠：「很想回去嗎？」鸚鵡答說：「很想啊！你不了解我，我並不是天生就是長羽毛的鸚鵡。想起從前經商時，在湖湘一帶做買賣，生意好到曾經賺到三倍的盈利。我又能說善道，經常助人排憂解難，同夥中幾乎沒有人可以難倒我。有一年陰曆二月時，我正和同伴出海航行，準備再去大賺一筆。船航行到一座島嶼，只見那裡碧綠的山峰直達雲天，一片蔚藍，無邊無際。於是我隨意拉著幾個夥伴，登上島去看看。走到島的深處時，那景致十分美麗，再繼續往深處前進，突然迷失了方向，忘記了回去的路。那島上沒有人煙，只有鸚鵡不停地飛上飛下鳴叫，有成千上萬隻，難以計數。這時我們幾個人卻因為染病體弱無法行動，又沒有捕捉鳥類的工具，無法網羅鳥雀來充飢，就餓死在島上的山岩邊。別人的下落如何我不清楚，而我則是渺渺然漫遊到了一方淨土，那裡的宮殿巍峨高大，城郭富麗堂皇，居民不論貴賤，全都穿著翡翠色的衣裳。我一探聽，人家才告訴我：『這是海中的第七島，也就是翠衣國。』我拜見了國王，想要請教他回家的事。國王約有五十多歲，也穿著翡翠色的服裝，他懂得義理，也精通陰陽。這個國家規定上大夫要能夠作詩，中大夫要能作曲，下大夫也要能說會道，以言詞敏捷、善於應對的標準來選拔人才，國家裡從來沒有不善言詞的人。國王讓我住下來，並擔任官職，後來又把公主許配給我。那公主長得嬌美可愛，善於歌唱，與我兩人夫妻恩愛，生活十分快樂。第二年，為我量身製作翡翠衣穿上，我便能自由自在的飛。我時常與公主在茂密的樹林中迴旋飛翔，一唱一和，親密無間。卻沒想到一時被身邊的侍從慫恿，回去探望故鄉時，飛在山中，下地取食，卻被人捕獲而囚禁在此，無法返家。每當想起與公主的恩愛情誼，我心如刀割般。如果你可以為我帶一個口信，那實在就是我的福分了。」

八哥聽了，回答牠說：「我很願意當你的信差，儘管再遠也絕不推辭。」鸚鵡便低聲吟誦一首詩句：「雙飛何日向晴皋，每為卿卿惜羽毛。最是舌尖消瘦盡，繞籠猶自語叨叨。」詩句吟完，鸜鵒就低下了頭，縮著腳，激動不已。八哥振翅飛起，飛了一段又飛回來對鸜鵒說：「我一定不辜負你的期望，請保重身體，不要太過於悲傷。」便轉頭飛走了。

當時，蔣十三躺在小窗下休息，庭院中別無他人，聽見牠們的對話，起了憐憫之心，為鸜鵒感到悲傷，便起身打開鳥籠放出鸜鵒，並囑咐牠說：「去翠衣國的路途遙遠，你要好好照顧自己，切勿再遭受羅網之災啊。」鸜鵒鳴叫著表示感謝，就高飛而去，很快就飛入雲霄間，消失蹤影。蔣十三把這件事告訴他的家人，大多數人卻都不相信他，懷疑他是故意放走鸜鵒，蔣十三也無法替自己證明。

過了一年，蔣十三患了病，病得快要死了，迷迷濛濛中，只見一個穿著黑衣服長著鳥嘴的人，直直到他跟前來，向他稟告：「你家的囚徒，在翠衣國國王面前講述了你的義行，國王命我來此邀請你，請立即跟我上路。」蔣十三還覺得昏昏沉沉地，不懂他指的是什麼，竟也毫不猶豫的跟著他走。那人振臂一呼，就來了十幾個身穿綠衣的人，簇擁著一頂轎子等前來，抬著蔣十三便往前去。不一會兒，轎子到了海上，波濤洶湧，蔣十三非常害怕，低頭一看自己乘坐的轎子，卻猶如樹葉般輕盈，離水面八尺高，卻一點也沒有沾濕，前進的速度就像飛一般。

到了翠衣國，蔣十三看到極為美妙的景致，都跟鸚鵡從前說的一模一樣。這時有人在郊外迎接，跪伏在路旁，為表示感謝，放聲說：「您發揚愛護生靈的德義，放棄豢養悅耳動聽的玩物，網開三面，高貴的恩德和父母相當；使折斷了翅膀的飛禽，能夠返回故鄉；使厭惡樊籠的鳥雀，得夠活著回家；不僅使夫妻破鏡重圓，而且讓祖先的鬼魂不致飢餓；感激您的恩德，熱淚直流，我們無以報恩，深感慚愧，我拿著掃帚到郊外迎接，姑且以此報答養育與保護之恩。」說完，就伏地哀聲痛哭，感激涕零的樣子。

蔣十三從轎中往外一看，騎馬的隨從很多，冠蓋也十分華麗，那人二十多歲，綠色的衣服輕輕飄逸，蔣十三猜測那就是從前所放走的鸚鵡，便走下轎來撫慰一番，然後與他一起並駕進城。進入國中，見所有的居民都穿著綠衣，說話帶有鳥音，快要進皇宮路門時，國王則親自迎候，作揖行禮說：「寡人愚昧，國中的禁令荒廢鬆弛，以至於閨中愛婿受辱於獵鳥的人。若不是先生釋放了他，讓他能夠回歸故里，那麼小女就只能獨守空閨，我也無法和他一同治理國家了。」言語態度非常謙遜。蔣十三見國王外貌古樸，神志清爽，服飾卻豪華顯耀，蔣十三也謙遜的回禮表示謝意。國王禮讓蔣十三進宮，延請他至殿廷中，招待他為上賓。國王還準備行下拜禮，但蔣十三再三辭讓，最後行賓主的相見禮替代。坐下後，國王又說：「這些兒女輩，都是依靠您才得以團聚，您的恩德我們時時銘記心中，只是無從報答；正好聽說您臥病在床，所以派遣剪舌侯來邀請您。感謝您的光臨，應該讓他們來好好謝恩。」因此命令傳話到後庭稟告公主。一會兒，地上鋪設了紅毯，緊接著，有十幾個小丫鬟從屏風後簇擁著一位非常年輕的美人走出來，這美女穿著翠綠的羽毛服裝，說話語音像美玉般清脆悅耳。公主同夫婿肩並肩，都朝北面行再拜禮，蔣十三無法推辭，退讓幾步然後受禮，而後公主又馬上退去了。

國王下令在望禰亭擺設宴席，和蔣十三開懷暢飲，並且告訴他說：「這是我衷心盼望禰正平前來的地方。不過不同時代卻一樣知心的，如今加您已有兩人了。」因此，又不停舉杯，歡快痛飲了一場。在座的大夫有的獻詩、有的唱歌，紛紛上前進獻，蔣十三也不是記得很清楚。而國王知道蔣十三有病，便下令取來海中神露，和在酒中讓他喝下，恍恍惚惚就像用冰雪澆灌一樣，熱病一下便消解了。宴席完畢，國王感謝的說：「我們這裡地方狹小，土產貧乏，這些微薄的禮物，不足以酬答您的大恩，姑且供您把玩罷了，還希望您不要推辭。」於是進獻了十粒明珠、一對紫玉，價值連城。小丫鬟又傳來夫人的命令，送來一面水心鏡、一尺高的珊瑚樹，並說：「恭敬的奉上這些寶物，報答您這份使釵合鏡圓的恩德。」公主夫婦又私自贈送很多物品，國王下令將這些禮物寄存在近海的店鋪中，再把票券交給蔣十三，讓他自己來兌取。而後就派遣黑衣人要送他回家，國王翁婿二人為他餞行，緊握著手依依不捨，不忍離別。但蔣十三非常想念家鄉，便登上轎子返家去了。

等到他到家時，全家人正放聲大哭，準備給他穿衣下棺，原來他死去已經有兩天了。蔣十三掀開被子起身，家人都大吃一驚，一問才知其中緣故。蔣十三出門一看，有一隻八哥就停在庭院中的樹枝上，尚未離去，這才醒悟國王所說的剪舌侯就是牠。蔣十三便準備了一些食物來招待牠，牠對食物聞聞嗅嗅了三次，便飛走了。蔣十三的病從此就全都好了，便想要到海市去兌換他的票券，家人認為這是他憑空虛妄的想法，都極力阻止他，他最終沒有成行。如今四川人稱呼鸜鵒「能言公」，便是從此流傳下來的說法。

◈隴蜀故多鸜鵒，土人恆羅之以為玩具。成都人蔣十三，畜一佳者，馴養數年矣。一日，有瘦鴿來，止於樹梢，呼鸜鵒為「能言公」，隔籠與之語，詢之曰：「君不游翠衣國幾年矣？」答曰：「丙年離鄉，丁年罹羅，今居樊中，歲又三稔，通其首尾計之，已五易春秋矣。」瘦鴿又曰：「頗亦思歸否？」答曰：「胡不思？君不知我，我非生而羽者也。猶憶昔年為商，販於湖湘間，賈嘗三倍，且頗善言語，恆為人解紛，人無有難之者。某歲仲春，與同伴航海，將謀重利。舟行至一島，碧嶂插天，蔚藍無際。偶拉客夥數人登眺其上，愈入則其境愈佳。涉歷既深，頓忘歸路。島中無一人，惟有公輩飛鳴上下，不知幾千萬億。予等病不能輿，又無弋獲之具可仿羅雀之風，遂餓死於岩下。他人我不能知，予則渺渺然游行至一國土，宮殿巍峨，城郭富麗。其人無貴賤，皆衣翡翠裘。予詢之，人曰：『此海中第七島，翠衣國也。』予因謁見其王，欲圖歸計。王年可五旬餘，亦衣翠服，能識義理，通陰陽。其國中上大夫必能詩，中大夫皆能曲，下大夫亦能言，以捷給為才，從無有不鳴者。遂館予為客卿，後以貴主下降。主貌姣好，亦嫻歌詠，與予伉儷甚歡。明年為予制此服之，遂能飛舉。時與主翱翔於茂樹，倡隨無間。不意為近侍所誘，將欲歸視故鄉。行至山中，下而取食，為人所獲，羈紲於茲不能返。每思主愛，如割寸心。君今去能為我致一口音，則幸矣。」

瘦鴿曰：「願為驛使，雖遠弗辭。」鸚鵡乃低吟一絕曰：「雙飛何日向晴皋，每為卿卿惜羽毛。最是舌尖消瘦盡，繞籠猶自語叨叨。」詩成，俯首拳足，若不勝情。瘦鴿即振翼而飛，回翔而語曰：「必不辱命，君勿過傷。」遂飛去。

時蔣臥小窗下，院宇無人，聞其語甚為慘然，乃起闢其籠而縱之。且囑曰：「翠衣國路遠，子宜自愛，慎勿再罹羅網之災。」語竟，鸚鵡啁瘱作謝，飄然高舉，漸入雲漢間，不轉瞬而逝。蔣以此事語其家人，多不之信，且疑其故縱，蔣竟無以自明。

逾年，蔣患疾疫，病垂斃。迷惘中見有人皂衣而鳥喙，直前啟曰：「君家之囚已言於翠衣國主矣。命僕奉延，即請稅駕。」蔣正昏憒，莫知所指，竟毅然隨之行。其人奮臂一呼，早有綠衣人十數輩，駕一肩輿，舁蔣前往。須臾至海上，波如山立，心甚惴惴。視其輿，輕猶一葉，去水僅尋餘，毫無沾濕，行且如飛。

既至，有絕境，都如鸚鵡所言。即有人迎於郊外，俯伏路旁，引吭而謝曰：「主君體好生之德，罷悅耳之具，網開三面，德並二天，使折翼之禽無難旋里，嫌籠之羽竟得生還。不獨樂昌之鏡重圓，抑且若敖之鬼弗餒。感恩涕泣，深愧銜環，擁篲郊迎，聊酬翼卵。」言訖，伏地哀鳴，一若感激不勝者。

蔣自輿中窺之，騶從甚盛，冠蓋甚都，其人年二十許，翠衣翩躚，疑即曩昔所縱者。乃降輿慰勞，並駕而進。入其國，人皆衣碧，語言皆帶鳥音。將至路門，國主躬親迎迓，揖而言曰：「寡人愚昧，國禁廢弛，致令金閨愛婿辱於弋人。微先生釋之歸里，則弱女無與並棲，即不穀亦無與共治矣。」語甚𤸎謙。蔣目之，貌古神清，被服赫奕，因遜謝。國主揖蔣入，延至殿廷，納之上坐。將下拜，蔣辭讓至三，然後以賓主禮相見。既坐，國主又言曰，「兒女輩賴君完聚，時銘五中，無由申報。適聞病在床蓐，故遣剪舌侯奉邀，幸辱惠臨，當令叩謝。」因命傳語後庭，使白貴主，旋鋪紅氈於地。俄有小鬟十餘，自屏後捧一麗人出，齒甚稚，翠羽之服，玉聲璆然。夫婦並肩皆北面再拜，蔣不獲辭，卻而後受，主即退。

國主命設宴於「望禰亭」，與蔣歡飲，且告曰：「此寡人跂望正平之地也。異世知心，今與君為二矣。」於是飛觴痛飲。諸大夫皆在坐，有獻詩者，有歌曲者，紛沓而前，蔣亦不甚記憶。國主知蔣有恙，命取海中神露和酒飲之，恍若沃以冰雪，病遂除。宴畢，國主謝曰：「敝路褊小，土產絕稀。不腆敝賦，未足以酬大恩，聊供君之玩好，幸勿揮斥。」乃進明珠十粒，紫玉一雙，約值數千緡。小鬟又傳夫人命，致水心鏡一匱，珊瑚樹盈尺，曰：「敬以報釵合鏡圓之德。」貴主夫婦又私有贈遺，國主命寄於近海市肆，以券付蔣，令其自取。仍命皂衣人送之還，國主冰玉親餞於郊，握手流連，甚不忍別。蔣思歸念切，登輿而返。

比至家，舉家號啕，將殮尸於櫬，死已二日矣。蔣推衾而起，家人大驚，詢之，始得其故。出視庭柯，有瘦鴿爰止未去，始悟所謂剪舌侯者，即此是也。乃設食飼之，三嗅而作。蔣疾大愈，欲詣海肆合其券，家人以為妄，力止之，遂不果行。至今蜀人呼鸚鵡曰「能言公」，其遺意云。

關於《螢窗異草》

清代筆記故事集。作者長白浩歌子，生平不詳，有一派學者考證後認為他是乾隆年間大學士尹繼善的第六子尹慶蘭，也有學者認為該書是光緒初年申報館文人的偽托之作。本書內容類似《聊齋志異》，多寫鬼怪狐仙、異聞奇事、男女婚戀和世情公案類故事。

因循島

出自：《淞濱瑣話》

在山西的曲沃地方，有個人項某，原本是獵戶人家，傳到他的時候，放棄了打獵的家業改而讀書，文名出眾，而且還喜歡放生積善。有次他過河時，見到一隻被抓的黑色猿猴，滿身是傷，尾巴斷了，腳也受傷了。那猿見到了項某，大聲嘶吼，作出乞憐的樣子。項某一時被感動了，就買下了猿猴把牠釋放。黑猿離開前，不停地回頭，彷彿在表示感激，沒多久就消失無蹤。

後來項某到福建當幕僚，回家時乘坐海船。早晨才剛出發，不到中午就忽然颳起颶風，船上的人都非常驚恐。突然一個大浪把船帶到數十丈高，又陡然落下，眾人都被浪捲走了，項某僥倖抱著一片木板，隨波漂流，不知漂了幾千萬里，自認必死無疑了，結果居然漂到了一處海岸，他還迷迷糊糊的不知道。沒多久，風停了，潮水退了，他才發現自己停在淺水洲邊的石頭上，嘔出了成斗的水。他過了很久才漸漸清醒，抬頭只見黃沙一望無際，草木不生。當時正是初秋，天氣還很暖和，他把衣服脫下來放在沙上，曬乾後又重新穿上。他振作起精神，繞著路走了幾十里。這時，太陽已下山，月亮從海面升起，起起落落三次，像是車輪那麼巨大，還發出五色的光輝。但是他沒心思觀賞，只顧踏著月光趕路。一直走到半夜，還沒有遇到人家。四周是連綿的小山，樹木逐漸茂盛，不斷傳出野獸的叫聲，他毛髮嚇得根根豎立，飢寒交迫，幸好身上有幾枚雞蛋可以充飢。吃完剛想要繼續走，腳卻已累得走不動了，只好在深林中休息。四面陰森得好像有鬼怪窺視，彷彿隨時都要撲上來，他心裡嚇得咚咚直跳，根本睡不著。天剛亮，他繼續趕路，過了中午才好不容易見到村落。居民都長髮披肩，形貌不像中華百姓，個個面黃肌瘦，非常憔悴。他上前詢問，對方言語如同鳥叫，無法理解。有一個老頭走出來詢問，項某告訴他實情。老頭說：「您是中華人士吧？這裡是因循島，離中國有九萬里遠。去年有位姓朱的海路客商也是遇上颶風漂到這兒，在我家住了一年，後來被島主知悉，用車子載走了。我熟悉中國的語言，您沒有家，先來我家暫住一下吧。」項某很高興，便隨他回去了。鄉人們都來了，互相竊竊私語，似乎感到很驚奇。老頭擺出酒餚，雖然簡單，但勸酒上菜都很殷勤。一會兒，門外傳來敲鑼聲，大家瞬間都藏匿躲起來，老頭也急忙關上門。

項某感到很困惑，老頭解釋說：「那是本地縣令，喜歡吃人，你剛到這兒，可別被他看見。」項某從門縫中窺視，只見縣令前後的隨從都是獸面人身。官轎中有隻狼正襟危坐，衣服冠帽很整潔。項某非常震驚，回到裡屋詢問老頭，老頭神色慘然，說：「這地方本來富裕。三年前，卻忽然來了幾百群狼怪，分頭占據各地。大狼怪作了省的長官，其次當了郡守、縣令，手下的幕僚和差役也多是狼。剛來的時候，他們尚且還以人形出現，穿戴莊重，沒幾個月，漸漸露出本相。他們專門愛吃人的膏脂，這裡數十處鄉里，每天要送三十個人到官署，用尖利的錐子刺腳，供他們吸食，膏脂吸盡了才放回來。我們雖然不至於馬上死掉，可是從此就會瘦弱不堪，撐不過的就被直接棄屍荒野。」項某驚訝說道：「島主也是狼嗎？」老頭說：「不是，島主還是仁慈的。那狼怪老謀深算，還會變成人的模樣騙人，島主就被他們所騙。」項某問說朝臣怎麼會不知道，老人說：「那些朝臣都聲氣相通，他們每年又暗中用重金賄賂，便無人去揭他們的老底啦。何況狼怪在拜見官吏時，仍以和善的面目出現，只是對待百姓又是另外一副面貌了。」項某說：「真是太令人憤慨了，世道竟然淪落如此，我就算不能剷除他們，也要替你們申訴，非要除掉這些怪物不可。」老頭說：「你雖然心懷忠義之情，但肯定成不了事的。何況你是他鄉的外人，照例就更難越級上訴。倘若遇上那正在四處挑選白胖胖百姓為食的狼怪，還會有性命之憂啊。」但項某心中仍然無法平靜下來。

第二天，他沒辭別就走了。正要問路，忽然有幾個人撲上來捆住他，直接送到一座官署。他正驚惶失措時，看到旁邊坐著臥著的都是狼類，心情頓時消沉下來。一會兒，進來了一名官員，衣著古樸，長的是人的模樣，項某心裡希望能向他求情。他瞥見項某，很高興的模樣，向項某問話，項某便一五一十地告訴他。那人聽完，忽然回頭對左右侍從說：「這人又白又胖，精髓必然味美，應當獻給上司，必定能讓我記功得寵。」項某知道他們不懷好意，再三懇求對方放了他，那人卻無動於衷，隨即命人用木籠關押項某，將他抬出門去。

走了兩里多路，眾人喊道：「太守來了！」紛紛避到路旁。不久出現儀仗森嚴的隊伍，簇擁著一名獐頭鼠目的大官到來，那官員不停左顧右盼。他問說為何關押項某，差役稟告說是要送給上級長官的。太守命人把項某抬上前來，審視良久，說：「您不是項某人嗎？怎麼到了這兒？」項某也很驚訝，但是不知道他怎麼會認識自己，隨便應了幾句。太守立刻離開座位，斥退眾人，命人脫掉項某的捆索，叫人牽兩匹馬來，和項某並騎而行。項某不知道怎麼回事，轉頭問他的姓名家世，太守說：「我就是侯冠啊，受過您的大恩，等進了官邸再細細道來。」過了一會兒抵達官邸，前門標著「清政府」三字。項某下馬和侯冠一同入內，十幾名胥吏恭候於一旁。項某見到兩旁隱約有數頭狼趴著，心裡害怕，不太敢亂看。兩人進門後，侯冠伏地拜謝，項某回拜，又再問起究竟。侯冠說：「我是那天被您所救的老猿，承蒙您的救助，這個恩情我不敢忘記。我因為能幻化為人形，被瘦柴生召集來占領此地，但是島主為人和善，就算是我們這些野獸也被感化，瘦柴生不忍辜負島主，只圖能當一方大員，現在擔任要職。我因為當幕僚有功，任職太守。如今都察院以下官員，大半是我們同類。其他不肯附和我們的，都罷官閒居在家了。我也是每天兢兢業業，被這官服束縛著。改天等時機一到，我將送您回中國。」項某這才恍然大悟。

侯冠也詢問項某到此的緣故，項某粗略地告訴他，互相感嘆不已。講話間，已到就餐時候，見到幾隻狼走過來，各自穿戴整齊，立即變成了人樣，與項某互相寒暄客套，一一由侯冠為他介紹，那都是些丞尉、案吏及幕僚。大家相互禮讓著入席坐下，笑談和睦。等到要吃飯時，侯冠卻離開了，項某與大夥喝酒到半酣時，兩個差役抬著一名赤裸的胖子進來，眾人說：「可以送到廚房去。」項某感到訝異，但是所有人都笑而不答，頃刻間廚師送上一盆菜，好像雞蛋羹一樣，眾人用這菜敬給客人說：「這就是人的膏脂。我們非常喜歡吃的，只是侯大人不太喜歡。先生這次來，口福真是不淺啊！」項某驚訝地說：「剛剛那個胖子已經宰殺了嗎？」眾人說：「是的。我們官署的膳食本來有固定的供給量，因為侯大人喜歡吃素，所以每天只送進一個人。如果是在大院中，那吃掉的人就更多了。」項某心中感到悽慘不能下嚥，逃離宴席找到侯冠，這才填飽了肚子。

項某居住在府中，抑鬱寡歡。侯冠察知他的意思，說：「機會還沒來，您暫時還很難歸鄉。苛縣的縣令厲某是我以前的部下，那兒的山水優美，可以遊歷一番，我推薦您暫時去那兒作幕僚，藉此寬寬眼界吧。」項某很高興，第二天拿著太守的書信去那兒。見面後即被邀請留下來住，賓主相處非常融洽。項某細細觀察厲某，知道他也是個狼妖，外表寬和平靜，但其實貪婪狡詐，絲毫不講道理。幸好他處理的公事很簡略，所以每天只是帶著僕人出遊，有時休憩在山中，幾天才回來。厲某也不責怪他。縣內有名土霸，專搶他人土地，他搶了一名窮人的地，窮人告上官府，但官官相護，仕紳勾結，那窮人有苦不能言，最後竟自殺了。項某憤憤不平，追問厲某。厲某只是笑笑地說：「先生不知道嗎？鄉紳的兒子在京師擔任要職，得罪他，就保不住這官職，何況我還有妻兒啊？再說，小民的生命能值幾個錢？我拿權勢壓他，他能怎麼辦。」項某說：「照你的話說來，還有什麼人情天理呢？王法不是形同虛設嗎？」厲某說：「先生你可有所不知，現在當官哪裡講求什麼人情天理呢？我們辛苦鑽營才當上官，只求上頭覺得你做得好，對百姓有沒有德政不重要。不是看你的治理能力，而是看你會不會做人，會不會說話。懂得阿諛奉承的人，每天都會有歌頌你的奏摺放到皇上桌前；上司覺得你做得不好，就算你能教化百姓，朝裡還是沒有好評價。有功於民的地方官，還不如會拍馬屁的人呢！」說話間，省裡的緊急公文來了。

上面說郎大人將要奔赴苛縣檢閱部隊，吩咐立刻盡快準備。厲某匆匆辭別而去，召來下屬討論，決定讓出官署給郎大人辦公，自己住到西舍去。第二天，官署中張燈結彩，窗戶上裝飾著美麗的錦緞，地上鋪著一尺多厚的地毯；寢室內則擺著八寶裝飾的大床，繡著鴛鴦枕頭，鋪著雲彩錦帳，輕暖翠色的被子，上下內外，全都煥然一新。到了那天，湊熱鬧的人塞滿道路，歡迎的人群堵塞大門，來來往往奔忙不已。

快天黑時，郎大人才到。禮炮隆隆，馬蹄得得作響，儀仗隊有數百人，衣甲非常整齊。那行牌上寫著「粉飾太平」、「虛行故事」、「廉嗤楊震」、「懶學嵇康」等字。項某問小吏，小吏說：「這是德政牌啊」。隨即見武士幾十人各執著刀劍，分成幾隊疾步跑來，此時無人敢說話。而武士中擁著的便是郎大人，豬嘴虎鬚，形貌極為凶惡，冰吏都跪下歡迎，郎大人逕自乘轎而入。項某想跟進門去看看，有官吏板著臉阻攔，厲某來說情，項某才能進去。只見廳堂上燃著粗大的紅燭，明亮如同白天。郎大人高高在上坐著，旁邊站著幾排衣服華美的人。一會兒，傳命呈上兵士名冊。名冊呈上後，便交給下屬侍官拿去。隨後好多趨炎附勢的人進來進獻珍寶玩具，使出渾身解數，只為博得郎大人的歡心。

過一會兒後，厲某跪請郎大人用夜宴，一起起身來到小廂房，隨即有官吏出來問說：「有沒有歌妓呀？」厲某沒準備，甚尷尬。他飛快返回西舍，打扮好自己的愛妾和小女，送了上來。郎大人大喜，當面稱讚他能幹，厲某在應酬時巴結的醜態難以描述。宴席結束後，眾人都退下，只留下愛妾和小女陪伴郎大人睡覺。厲某卻洋洋得意，很興奮的樣子。項某心中憤慨，但是也無可奈何，只好回去睡覺。

隔天早上，見郎大人還沒起床，有位軍官來請大人檢閱操練。郎大人的貼身官員叱責他說：「大人還沒起來，起來後還要抽鴉片，你來幹什麼？」軍官唯唯答應著退出。一陣子後，又一位貼身侍從出來傳令免了操練，發完賞賜便可結束。軍官應命離去了。快到中午時分，郎大人才起來，厲某急忙進上膳食。郎大人匆匆吃完飯後就令左右擺駕離開，厲某等人跪著送別，愛妾和小女羞愧地回去了。整個檢校場面非常浪費，而且毫無作用。項某非常反對這件事，當即告別厲某回到侯冠那裡。途中聽到傳聞說厲某已經升任某地的知府。等見了侯冠詢問此事，侯冠說：「這裡的官場就是這樣啊，你一介書生是難以理解的。」項某不願再逗留，更加想回家了。正好之前那位姓朱的海路客商奉國王的命令回鄉，侯冠便收集了些珠寶為項某打點行李，請求讓項某搭便船。侯冠送項某到出海口，已經有一艘船停岸等候。朱某與項某上了船，海上颳起大風，互相作揖辭別後便起帆開船。八天後到了瓊州島，項某登上岸從陸路回家。項某取出箱籠行李中的東西換成銀錢，買田地，蓋房子，富有得像當官的人。

◈曲沃項某，本獵戶，至項改業讀書。文名藉甚，且喜放生。嘗經河上，見農人搜一黑猿，尾斷足傷，血殷毛革，見項悲嘶仰首，有乞憐態。項心動，購而釋之。猿去頻回顧，似感謝狀，須臾，遂杳。

後項作幕閩中，歸乘海舶。晨發，日未午，颶風大作，舟人驚駭。頃之，雪浪排空，挾舟而起，高數十丈，陡落波心。眾均逐浪以去，項抱木板，任其所之。風益大，瞬息不知幾千萬里，自拚一死。既近海岸，懵然不知。無何，風靜潮落，腹閣於淺渚石上，嘔水斗餘。良久漸醒，見黃沙無際，草木不生。時值初秋，天氣尚暖，脫衣沙際，曝既干，重著。起行，逶迤數十里。日已暝黑，月起海中，三墜三躍，大逾車輪，現五色光。無心觀矚，踏月再趨。至夜半，尚無人家，岡巒雜沓，林木漸繁，虎嘯猿啼。毛髮森豎，腹中大餒，幸懷熟雞子數枚，聊息飢火。方欲再行，而足力已疲，乃息深林中。四面磷火上下，若相瞰攫，心頭鹿鹿，終夜清醒。天甫明，又行。午後始見村落。居民披髮被肩，形狀不類中土，而面瘦肌黃，悴容可掬，如久病者。乃趨前問詢，言語啁啾，不甚可了。一老叟出問，項以實告。叟曰：「君中華人耶？此因循島之簡鄉，去中華九萬里。上年有海客朱某，亦遭颶到此，居僕處一年，為島主所知，車載而去。僕因悉中國方言。君無家，盍小作勾留乎？」項喜從之去。鄉人皆至，竊竊私語，似訝奇觀者。叟羅酒餚，不甚豐腴，而勸進殊殷。少頃門外有鳴金聲，眾人皆倉皇遁。叟急閉戶。

項問故。曰：「此縣令也，喜噬人。君初至，勿為所見。」生於門隙窺之，見前後引隨者，皆獸面人身，輿中端坐一狼，衣冠頗整。駭絕，入問叟。叟慘然曰：「此地本富厚，三年前，不知何故，忽來狼怪數百群，分占各處。大者為省吏，次者為郡守，為邑宰。所用幕客差役，太半狼類。始到時，尚現人身，衣冠亦皆威肅。未數月，漸露本相，專愛食人脂膏。本處數十鄉，每日輸三十人入署，以利錐刺足，供其呼吸，膏盡釋回。雖不盡至於死，然因是病瘠可憐，更有輕填溝壑者。」項訝曰：「島主亦狼耶。」曰：「非也。主上仁慈，若輩能幻現人形，詭計深謀，遂為所賺。」問朝臣何以不知。曰：「立朝者皆聲氣相通，若輩又每歲隱賂多金，遂無人發其覆。況其在官之際，仍以好面目示人。豈知出仕臨民，別有變相耶。」項曰：「此類當途，尚復成何世界。僕不才，當為汝等訴之島主，俾此輩盡殺乃止。」叟曰：「君雖心懷忠義，必不能行。況客鄉之民，例難越訴。倘遇擇肥而噬者，當有性命憂。」項中心不安。

次日，不別而行。方欲問途，忽數人來縛之去，逕詣一署。驚怖間，見兩廊坐臥者，無非當路君，不覺氣餒。未幾一官登堂，衣服蒼古，幸是人身，冀可緩頰。顧瞥見項，若甚喜，略問所來。項備述前事。忽顧左右曰：「此人白晢而肥，精髓必美，當獻之上司，必可記功邀寵。」項知非好意，再三懇釋，不從。即命以木籠囚項，舁之出。

行二里許，眾人嘩傳曰：「太守來！」遂紛紛避道。俄見儀仗森嚴，擁一貴官至，鼠目獐頭，左右顧盼。見縛者問故，役稟白謂欲送上憲轅。太守命舁至前，熟視，曰：「君項某耶？何故至此？」項亦甚驚，而不解何以相識，因漫應之。立出輿揮眾去，命脫繫。呼兩騎至，並轡而行。項不知所為，轉詰邦族，太守曰：「僕，侯冠也。受君大恩，侯入署再訴細情。」少選，已至。見前門標「清政府」三字。下騎同入，胥吏十餘輩肅迎於旁。見兩旁隱隱有臥狼數頭，心震懾不敢顧視。既入內，侯伏地拜。項答拜，因又問故。侯曰：「僕即河上老猿也。承君援救，此恩終不敢忘。後遇瘦柴生將奪此島，以余能幻化人形，招之同至。不期島主信德，感及豚魚。瘦柴生不忍相負，只謀方面，現居省要。余以從幕功授此職。今都院以下，大半同群。其尚有人心不肯附和者，則皆賦閑。僕亦每切兢兢，久苦衣冠桎梏。俟有順便，當送君回耳。」項始恍然。

侯亦詢來意，略告之，相與嘆息。言次，即已傳餐。見數狼來，各被冠服，立化為人。與項通款曲，一一由侯為之指示，則丞尉、案吏及幕中賓僚也。揖讓入席，笑語雍和。侯獨入內。項與眾共飲，酒半酣，兩役舁一肥人過，裸無寸縷。眾曰：「可送齋廚。」項驚問，皆笑不言。俄庖人進一饌，如雞子羹，群以敬客曰：「此人膏。余等酷嗜之，惟主人不喜。先生之來，口福誠不淺哉。」項驚曰：「適肥人已宰之耶。」曰：「然。吾等公膳，本有常供。此間因主人喜齋，故只日進一人。若大院中，則食人更多。」項慘不能咽，逃席覓侯，始得果腹。

項居署中，鬱鬱不得志。侯察其意，謂：「機緣未至，歸計難謀。苛縣厲令，余舊屬也，彼處山川佳勝，足資眺矚。當薦君暫入幕中，藉廣眼界。」項喜，次日持書去，一見要留，賓主頗洽。細察，厲亦系狼妖，外示和平，而貪狡殊無人理。幸公事甚簡，日惟攜僕出遊，或止宿山中，數日始返。厲亦不之責。邑紳某橫甚，強奪鄰田數十頃。鄰訟之，紳賄以重賂，厲竟不直鄰，逐之去。鄰上控發縣覆訊，仍執前斷。鄰無如何，自縊紳門。紳夜至署，與厲密議，設計彌縫之。項不平，請曲直所在。厲笑曰：「先生不知耶？紳子現居京要，得罪則僕不能保功名，況妻子乎。且民命能值幾何，以勢制之，彼亦無能為力。」項曰：「信如君言，則人情天理之謂何？國法王章，不幾虛設耶？」曰：「先生休矣。今日為政之道，尚言情理耶？吾輩辛苦鉆營，始得此一官一邑。但求上有佳名，不妨下無德政。直者曲之，曲者直之，逢迎存於一心，酬應通乎百變。上以為可，雖民無愛日之留，而朝有薦章之人矣。上以為不可，則民樂敦龐之化，朝無頌德之碑。國舍有甘棠，不及私門有幸草也。」正言間，省中有飛牒至，言郎大人將赴苛巡兵，著速備供張。厲匆匆別去，召丞尉商議，即讓縣署為行轅。次日遷移一空，別居西舍。署中懸燈彩，飾文錦，地鋪氍毹厚尺許。寢室則八寶之床，繡鴛之枕，錦雲之帳，暖翠之衾，光采陸離，不可逼視。上下內外，煥然一新。至期探者屬道，迎者塞門，奔走往來，流汗相屬。

將晚，郎至，炮聲隆隆，騎聲得得，儀仗數百人，甲冑殊整。其行牌有「粉飾太平」、「虛行故事」、「廉嗤楊震」、「懶學嵇康」等字。項私問小吏，吏曰：「此德政牌也。」即見武士數十人，各執刀分隊疾趨，觀者側目無敢嘩。即有十餘人擁大吏至，端坐輿中，豕喙虎須，狀極獰惡。兵吏皆跪迎，郎置不顧，飛輿入署。項欲瞷其所為，從之入門，吏嚴色拒之。厲至緩頰，乃入。見堂燃紅燭如椽，光明若晝。郎高坐，旁立美服者數輩。須臾傳呼進兵冊，冊上，仍付吏員持去。嗣兵官十餘人入叩，有進金寶者，有呈玩具者，有乞憐貢媚者。

一時許，厲跪請夜宴，共起身入小廂，即有吏出問有歌妓否，厲無以應，大窘。遽返西舍，飾愛妾、幼女以進。郎喜，面稱其能。而厲之酬醉周旋，丑不可狀。宴已，眾皆退，惟妾、女伴寢。厲則意氣揚揚，若甚得意。項頗憤，然顧莫敢誰何，乃臥。

晨興復瞷，郎尚未起。有軍吏至，請閱操。內史叱曰：「大人未起，起亦須餐煙霞。汝何得爾？」軍吏諾而退。半晌，又一內史出，傳命免操，即放賞。軍吏應而去。日將午，郎始起，厲急進膳。半炊時，傳呼命駕，左右倉皇，排道逕發。厲等皆跪送之，妾若女赧然而返。是役所費不貲，而不聞有所整頓也。項大以為非，即別厲至侯所。途中嘩然「厲升某府缺」。及見侯，詢之。侯曰：「此邦仕宦，大抵皆然。書生眼小於椒，徒自氣苦耳。」項不願復留，謀歸益切。適海客朱奉王命遣回，侯聚珍寶，為項治裝，並求附舟。遂相送至海口，已有一舟艤待。朱與項登舟，海風大作，揖別開帆。八日至瓊州島，登岸取道而返。出篋中物易錢，購田，治屋，稱素封焉。

關於《淞濱瑣話》

晚清筆記故事集。作者王韜（1828～1897），是清末改革派思想家。本書的體裁和題材都仿照蒲松齡《聊齋志異》，記載鬼神、狐怪、鳥獸、劍仙、名妓等角色的奇行異事，以及自身的經歷。

第五部　堅貞不移的愛情

「歎人間真男女難為知己，願天下有情人終成眷屬」
歷久不衰的不是愛情，
而是人們對真愛的美好信仰與美好想望。

韓憑與相思樹

出自：《搜神記》

戰國時代，宋康王的門客韓憑，娶何氏為妻，宋康王看見何氏貌美，就把她搶奪過來，韓憑心懷怨恨，於是被宋康王囚禁起來，並被判要去修補城牆，服很重的勞役苦刑。何氏暗中送信給韓憑，信中的語句含義十分曲折隱晦，信中寫著：「其雨淫淫，河大水深，日出當心。」不久宋康王查出了這封信，把信交給親信臣子看，親信臣子中沒有人能解讀信中的意思，後來臣子蘇賀解讀說：「其雨淫淫，是說心中的憂愁思念不能停歇；河大水深，是指兩人受到阻隔不得往來；日出當心，則是說內心已經立下死志了。」

不久，韓憑自殺。何氏暗中刻意讓自己的衣服朽壞，某日，宋康王帶著何氏一起登上高臺遊覽，何氏從高臺上一躍而下自盡，隨從們想拉住她，卻因為衣服已經朽壞，沒能拉住何氏。何氏藏在衣帶裡預先寫下的遺書說：「大王認為我活著好，我卻認為死去較好，希望能將我的屍骨賜給韓憑，讓我們兩人合葬在一起。」

宋康王十分憤怒，根本不肯接受何氏的請求，讓鄉人埋葬了他們，卻刻意讓兩人的墳墓相隔兩處遙遙相望。宋康王說：「你們夫婦既然如此相愛，如果能讓兩個墳墓聚在一起，那我就不再阻擋你們。」沒想到在很短時間內，就有兩棵大梓樹分別從兩座墳墓上頭長出來，十天左右就長得要人雙手圍抱那麼粗。兩棵樹的樹幹彎曲合抱，互相靠近，根在地底下交纏，樹枝在上方交錯，又有一雌一雄兩隻鴛鴦，一直棲息在樹上，早晚都不離去，牠們交頸悲鳴，聲音哀婉令人傷感。宋國人都為此哀戚，於是稱這種樹為相思樹。相思的說法，就是從這兒開始的。南方人還說，鴛鴦鳥就是韓憑夫婦的魂魄變成的。

現在睢陽地方有韓憑城，歌頌這個故事的歌謠至今也還在流傳。

◈宋康王舍人韓憑娶妻何氏，美，康王奪之。憑怨，王囚之，論為城旦。妻密遺憑書，繆其辭曰：「其雨淫淫，河大水深，日出當心。」既而王得其書，以示左右，左右莫解其意。臣蘇賀對曰：「其雨淫淫，言愁且思也。河大水深，不得往來也。日出當心，心有死志也。」

俄而憑乃自殺。其妻乃陰腐其衣，王與之登臺，妻遂自投臺，左右攬之，衣不中手而死。遺書於帶曰：「王利其生，妾利其死，願以屍骨賜憑合葬。」

王怒，弗聽，使里人埋之，冢相望也。王曰：「爾夫婦相愛不已，若能使冢合，則吾弗阻也。」宿昔之間，便有大梓木，生於二冢之端，旬日而大盈抱，屈體相就，根交於下，枝錯於上。又有鴛鴦，雌雄各一，恒棲樹上，晨夕不去，交頸悲鳴，音聲感人。宋人哀之，遂號其木曰「相思樹。」「相思」之名，起於此也。南人謂：此禽即韓憑夫婦之精魂。

今睢陽有韓憑城，其歌謠至今猶存。

裴航成仙

出自：《傳奇》

唐代長慶年間，有個叫裴航的秀才，因為考場失利到鄂州一帶遊覽解悶，還在那裡拜訪了舊友崔相國。崔相國送給他二十萬錢，裴航帶了這些錢又回到遙遠的京城去了。他搭乘了一艘很大的船，船行於湘水、漢水上。

同船的還有一位樊夫人，長得國色天香，裴航與她攀談得十分融洽，遺憾的是兩人之間隔著帳幔，裴航一路苦於無法當面表達愛慕之心。樊夫人身邊有個叫裊煙的婢女，裴航送了一些財物給她，並請她轉交一首詩給樊夫人，詩中寫道：「**同為胡越猶懷想，況遇天仙隔錦屏。倘若玉京朝會去，願隨鸞鶴入青雲。**」這首情詩遞送過去之後，許久都沒有回音。裴航多次詢問裊煙，裊煙都說：「娘子見到詩並沒有什麼反應呀。」裴航沒有辦法，又在路邊買一些好酒和新鮮昂貴的果子送給樊夫人。樊夫人這才叫裊煙請他來見個面，互相認識一下。

裴航撩起帳幔後，見到樊夫人皮膚柔潤光滑，面龐就像花朵一樣美麗，烏黑的秀髮，配上彎彎的眉毛，一舉一動彷若仙人下凡。裴航心想：「這樣的人怎麼可能肯與我配成一對呢？」裴航一而再的行禮，樊夫人的美麗讓他目瞪口呆，痴痴的呆站著看了很久。夫人這才說：「我已經有丈夫了，他在漢南做官，正要辭官到深山中隱居，我現在就是要趕去與他話別的。我的內心悲痛煩亂到了極點，只恐不能及時趕到，哪裡還會有閒情逸致和別的男人調情呢？這一路因為有您同船作伴，心中舒坦了一些，請您不要存心戲弄。」裴航說：「我不敢有此心啊。」樊夫人堅守節操，又十分嚴肅，裴航因此不敢冒犯，喝完酒就回到自己的地方。

夫人後來回贈了裴航一首詩，讓梟煙送過來。詩上寫著：「**一飲瓊漿百感生，玄霜搗盡見雲英。藍橋便是神仙窟，何必崎嶇上玉清。**」裴航看了之後，並不十分瞭解詩中含意，只在心中留下深深羞慚和永遠不能忘懷的遺憾。從那次會面後，樊夫人再也不和裴航見面了，只是偶爾派梟煙過來問候，說些客套話罷了。船行到了襄漢，樊夫人讓梟煙提了梳妝箱，也不和裴航告別，就上岸離去了。也沒有人知道她要到哪裡。裴航到處的尋找，卻一點蹤跡也無，不知她躲哪兒去了。裴航無計可施，也只好收拾了一下行裝，依原本計畫繼續往京城裡去。

路過藍橋驛附近時，裴航口渴得很，就到路邊人家討水喝。路邊的三、四間茅屋非常低矮，裴航看見裡面有一個老太太正把麻折斷，捻成細繩。裴航走過去作了一個揖，向老太太討水喝。老太太呼喚著：「雲英啊！端一碗水來，這位少爺要喝水。」裴航猛然想起樊夫人的詩曾提過「雲英」二字，暗暗吃了一驚，卻還是不理解。過了一會兒，蘆葦簾子底下伸出一雙白嫩的手，捧了一個瓷杯。裴航接過杯子，一飲而盡，那真是玉液啊！裴航只覺室內有一股濃郁的芬芳洋溢出屋外。裴航藉著還杯子時，急忙趁機揭開簾子，看見裡面有一個妙齡女子，容貌像帶露鮮花那般的美，又像春雪將融那樣嫩白，細膩光滑的臉龐比溫潤的美玉還要好看，頭髮高捲像是天上的濃雲。她用手掩面，半側著身子，更顯得無比的嬌羞，即使是那開在幽深山谷內的紅色蘭花，也不及她這麼香這麼美。

驚人的美貌使得裴航的腳移動不了，再也不願意離開了。他對老太太說：「我的僕人跟馬都餓了，希望能在您這兒留下歇息，我一定會重重的酬謝您，懇請您答應。」老太太說：「就隨您便吧！」於是就讓僕人在這裡用餐，也替馬添上了飼料。後來，裴航又對老太太說：「剛才有幸親眼看到您家小娘子，她的美麗令人驚豔，如此花容月貌舉世無雙，讓我遲疑留戀，捨不得離開。希望您能收下我準備的厚禮，將她許配給我為妻，還請您同意！」但老太太說：「她已經許配給別人了，只因為還沒有約好婚期，至今仍未嫁出去。我現在又老又病，身邊只有這個孫女兒陪伴。昨天有位神仙送我一匙靈丹，但他囑咐必須用玉杵玉臼舂搗一百天後才可服用，吃了這丹藥就能長生不老。你如果想要娶我孫女為妻，就必須幫我找到玉杵玉臼，我才願意把她嫁給你。至於別的什麼金銀綢緞都不需要，我拿了那些也沒什麼用處。」裴航感激不盡，連忙行禮說：「求您給我一百天的期限，我一定想盡辦法找來玉杵玉臼，您可別再把她許配給別人。」那老太太應允後，裴航才依依不捨的暫時離開。

到了京都，裴航毫不在意科舉考試的事情，只顧每天跑到熱鬧繁華的街上大喊著要買玉杵玉臼，可是卻連個影子都尋不到。由於他心急如焚，專心尋訪玉杵玉臼，路上遇見了朋友，也忘記要打招呼，像不認識一樣。由於裴航像著了魔似的，人們都說他發狂了。過了幾個月，他偶然遇到一位賣玉器的老頭告訴他說：「近來我接到虢州開藥鋪的卞老先生來信，信上說他那裡有賣玉杵玉臼。像您這樣誠心誠意的求購，連我都深受感動，理當寫信向他介紹一下。」裴航真是感激不盡，按著他的介紹，果然找到了玉杵玉臼。卞老先生說：「我這個玉杵玉臼沒有兩百貫錢不能賣。」裴航把全部的錢都倒出來，還不夠數，又把僕人和馬都給賣掉，才正好湊滿。

僕人沒有了，馬也騎不成了，裴航一個人背著玉杵玉臼急急忙忙的趕路，終於到了藍橋。上次的那位老太太見了裴航背著玉杵玉臼來，呵呵大笑說：「世界上居然有這樣誠信的人！為了酬答他的千辛萬苦，我怎能不把孫女兒嫁給他呢！」那女子也微笑說：「雖然你把玉杵玉臼買來了，但還必須幫我們搗一百天的藥，才能夠確定這門婚事。」老太太從腰帶上把藥取下來，裴航接過去就開始舂搗，每天都日出而作，日落而息。每到夜裡，老太太就把藥連同杵臼一起收進屋裡。裴航在夜裡聽到搗藥的聲音，悄悄爬起來偷看，只見一隻白兔抱著玉杵正在搗藥，那白兔身上發散出銀光照亮了整間房子，室內的東西都看得一清二楚。裴航見了，意念更加堅定。就這樣，一百天終於到了。老太太把藥吞服下去後說：「我要去洞裡告訴各位親戚，讓他們先收拾地方，準備床榻，好迎接裴郎。」於是她就領著孫女兒進山去了，臨行時對裴航說：「你就在此處稍等一下。」

沒過多久，一群僕人駕著車馬前來迎接裴航。抵達之後，看見一座很大的府第，房子又多又高，簡直連綿到天上去了。在陽光照射下，珠寶裝飾的門扉燦爛生光。走進裡面一看，到處都安置著各式各樣的帳幔圍屏，珠寶翡翠，珍奇古玩，無所不有，就像地位顯赫的皇親國戚之家。仙童侍女們領著裴航進入帳幕內，舉行參見儀式。裴航跪在老太太面前，感激得熱淚盈眶。老太太對他說：「裴郎，你本是清冷裴真人的後代，命中應該出世成仙，不需要一直謝我。」接著就帶領他拜見嘉賓，這些賓客大多是神仙。後來見到一位仙女，梳著高高的髮型，穿著彩色的衣裳，說是裴航妻子的姊姊。裴航拜見後，那女人問：「裴郎，您不認得我了嗎？」裴航說：「過去我們非親非故，我不記得是否曾見過您。」那女子說：「您怎麼不記得了，那時我們不是一同從鄂州乘船到襄陽嗎？」裴航聽了誠惶誠恐，十分懇切的表達感謝之意。後來他又問身旁的人，別人告訴他：「這女子是您妻子的姊姊，名叫雲翹夫人，是仙君劉綱的妻子，位階很高，做了玉皇大帝的女官。」老太太要裴航帶著妻子進入玉峰洞，那兒的樓閣珠鑲玉砌，吃的是絳雪瓊英之類的仙丹。日子一天天過去，裴航變得心清體輕，髮色轉為深青色，出神入化自由自在，超度成為神仙。

到了太和年間，裴航的朋友盧顥在藍橋驛的西邊遇見他。裴航講了自己如何得道成仙的經過，還送了盧顥十斤美玉，一粒神仙吃的靈丹，和他暢談了一整天，還請他幫忙給至親好友捎書信。盧顥向裴航叩頭說：「您既然已經得道成仙，請送一句話指點我吧！」裴航說：「老子講過：『虛其心，實其腹。』現在的人，腦袋裡裝滿了欲望，這樣如何得道成仙呢？」盧顥不懂他說的道理，裴航又說：「心中胡思亂想的雜念太多，腹中的元氣精華就會洩漏，還談什麼虛心實腹！話只能說到這份上，你也該懂得為什麼不能成仙的道理了。世上凡人本也有長生不老和煉製仙丹的方法，你也不一定學得會，以後再說吧。」盧顥知道多說無益，只好餐會結束就離開了。後來，世上就再也沒有人遇過裴航了。

◈唐長慶中，有裴航秀才，因下第遊於鄂渚，謁故舊友人崔相國。值相國贈錢二十萬，遠挈歸於京，因傭巨舟，載於湘漢。

同載有樊夫人，乃國色也。言詞問接，帷帳昵洽。航雖親切，無計道達而會面焉。因賂侍妾裊煙，而求達詩一章曰：「同為胡越猶懷想。況遇天仙隔錦屏。倘若玉京朝會去。願隨鸞鶴入青雲。」詩往，久而無答。航數詰裊煙，煙曰：「娘子見詩若不聞，如何？」航無計。因在道求名醞珍果而獻之。夫人乃使裊煙召航相識。

及褰帷，而玉瑩光寒，花明麗景，雲低鬟鬢，月淡修眉，舉止煙霞外人，肯與塵俗為偶。航再拜揖，愕眙良久之。夫人曰：「妾有夫在漢南，將欲棄官而幽棲巖谷，召某一訣耳，深哀草擾，慮不及期。豈更有情留盼他人。的不然耶，但喜與郎君同舟共濟，無以諧謔為意耳。」航曰：「不敢。」飲訖而歸，操比冰霜，不可干冒。

夫人後使裊煙持詩一章曰：「一飲瓊漿百感生，玄霜搗盡見雲英。藍橋便是神仙窟，何必崎嶇上玉清。」航覽之，空愧佩而已，然亦不能洞達詩之旨趣。後更不復見，但使裊煙達寒暄而已。遂抵襄漢，與使婢挈粧奩，不告辭而去，人不能知其所造。航遍求訪之，滅跡匿形，意無蹤兆。遂飾粧歸輦下。

經藍橋驛側近，因渴甚，遂下道求漿而飲。見茅屋三四間，低而復隘，有老嫗緝麻苧。航揖之求漿，嫗咄曰：「雲英擎一甌漿來，郎君要飲。」航訝之，憶樊夫人詩有雲英之句，深不自會。俄於葦箔之下，出雙玉手捧瓷。航接飲之，真玉液也。但覺異香氤鬱，透於戶外。因還甌，遽揭箔，覩一女子，露裛瓊英，春融雪彩，臉欺膩玉，鬢若濃雲。嬌而掩面蔽身，雖紅蘭之隱幽谷，不足比其芳麗也。

航驚怛，植足而不能去。因白嫗曰：「某僕馬甚飢，願憩於此，當厚答謝，幸無見阻。」嫗曰：「任郎君自便。」且遂飯僕秣馬。良久謂嫗曰：「向覩小娘子，豔麗驚人，姿容擢世，所以躊躕而不能適，願納厚禮而娶之，可乎？」嫗曰：「渠已許嫁一人，但時未就耳。我今老病，只有此女孫，昨有神仙，遺靈丹一刀圭。但須玉杵臼擣之百日。方可就呑，當得後天而老。君約取此女者，得玉杵臼，吾當與之也。其餘金帛，吾無用處耳。」航拜謝曰：「願以百日為期。必攜杵臼而至，更無他許人。」嫗曰：「然。」航恨恨而去。

及至京國，殊不以舉事為意，但於坊曲鬧市喧衢，而高聲訪其玉杵臼，曾無影響。或遇朋友，若不相識。眾言為狂人。數月餘日，或遇一貨玉老翁曰：「近得虢州藥鋪卞老書，云有玉杵臼貨之，郎君懇求如此，此君吾當為書導達。」航媿荷珍重，果獲杵臼。卞老曰：「非二百緡不可得。」航乃瀉囊，兼貨僕貨馬，方及其數。

遂步驟獨挈而抵藍橋。昔日嫗大笑曰：「有如是信士乎。吾豈愛惜女子，而不醻其勞哉。」女亦微笑曰：「雖然，更為吾擣藥百日，方議姻好。」嫗於襟帶間解藥，航即擣之，晝為而夜息，夜則嫗收藥臼於內室。航又聞擣藥聲，因窺之，有玉兔持杵臼，而雪光輝室，可鑒毫芒，於是航之意愈堅。如此日足，嫗持而吞之曰：「吾當入洞而告姻戚，為裴郎具帳幃。」遂挈女入山，謂航曰：「但少留此。」

逡巡車馬僕隸，迎航而往。別見一大第連雲，珠扉晃日，內有帳幄屏幃，珠翠珍玩，莫不臻至，愈如貴戚家焉。仙童侍女，引航入帳就禮訖，航拜嫗，悲泣感荷。嫗曰：「裴郎自是清冷裴真人子孫，業當出世，不足深媿老嫗也。」及引見諸賓，多神仙中人也。後有仙女，鬟髻霓衣，云是妻之姊耳。航拜訖，女曰：「裴郎不相識耶？」航曰：「昔非姻好，不醒拜侍。」女曰：「不憶鄂渚同舟回而抵襄漢乎？」航深驚怛，懇悃陳謝。後問左右，曰：「是小娘子之姊雲翹夫人。劉綱仙君之妻也，已是高真，為玉皇之女吏。」嫗遂遣航將妻入玉峯洞中，瓊樓殊室而居之，餌以絳雪瓊英之丹。體性清虛，毛髮紺綠，神化自在，超為上仙。

至太和中，友人盧顥，遇之於藍橋驛之西，因說得道之事。遂贈藍田美玉十斤，紫府雲丹一粒，敘話永日，使達書於親愛。盧顥稽顙曰：「兄既得道，如何乞一言而教授。」航曰：「老子曰：『虛其心，實其腹。』今之人，心愈實，何由得道之理。」盧子懵然，而語之曰：「心多妄想，腹漏精溢，即虛實可知矣。凡人自有不死之術，還丹之方，但子未便可教。異日言之。」盧子知不可請，但終宴而去。後世人莫有遇者。

關於《傳奇》

唐代傳奇故事集，作者裴鉶，生卒年不詳，約唐末時人。本書所載主要是神仙劍俠故事，後代很多戲劇、話本小說皆取材於此。唐人小說會以「傳奇」得名，應該與此書有關。

有此一說

這個故事也常被叫做「藍橋搗藥」或「藍橋玉杵」。宋元話本《藍橋記》、元代庚天錫的雜劇《裴航遇雲英》、明代龍膺的傳奇《藍橋記》、楊之炯的傳奇《藍橋玉杵記》均以此題材為本。此外詩詞中也常用這個典故，「藍橋」用來代指情人結緣相遇之處，「雲英」則被當作意中人的代名詞。

人面桃花

出自：《本事詩》

博陵人崔護，模樣跟氣質都很好，但個性清高孤傲，和別人不太合得來。他參加進士考試沒有考上。清明節那天，崔護獨自到京城南邊遊玩，看到一座簡陋的屋子，周圍花草樹木叢生，安靜得好像沒有人住。他上前敲了很久的門，有個女子從門縫裡偷看他，問道：「是誰啊？」崔護告訴她自己的姓名，說：「我獨自遊賞春景，因為喝酒之後口渴了，想討一杯水喝。」女子進屋裡拿一杯水出來，打開門放好坐榻請他入坐，自己獨自靠著小桃樹的斜枝站著。女子容貌秀麗，神態嬌媚，情意深厚地看著崔護。崔護找話跟她攀談，她卻不回答，只是注視他良久。之後崔護告辭離去，她一直送到大門口，好像有無盡的情意，方才進門。崔護也依依不捨地回去了。然而此後就沒有再來。

等到第二年清明節那天，崔護忽然想起那個女子，思念之情一發不可收拾，於是直接前去尋找她。他回到那裡一看，屋子院落跟原來一樣，但門卻已經鎖上了。崔護於是在門扉左邊題了一首詩，寫道：「去年今日此門中，人面桃花相映紅。人面不知何處去，桃花依舊笑春風。」

之後又過了幾天，崔護偶然到京城南邊，又前去尋找那人家，他聽見屋子裡傳來哭聲，就敲門詢問原因。有個老漢出來，看見他問道：「您不就是崔護嗎？」崔護回答：「我就是。」老漢又哭著說：「都是您害了我的女兒啊！」崔護大吃一驚，不知道該說什麼。

老漢說：「我女兒已經十五歲了，自小熟讀詩書，還未許配給人家。從去年以來，經常神情恍惚，若有所失。前幾天和她出門，回來之後，她看見左邊門上有字，讀完後進門就一病不起，絕食幾天後死去。我年紀大了，只有這個女兒，之所以還沒有讓她出嫁，是因為要找一個才德出眾的人，好託付他養老。現在女兒不幸死了，不就是被您害的嗎？」老漢說完又大哭不止。

崔護聽了也覺得感傷悲痛，請求老漢讓他進屋內哀悼致意。女子還容貌整齊地躺在床上，崔護抬起她的頭，把頭靠在她大腿上，哭著禱告說：「我在這裡啊！我在這裡啊！」過了一會兒，女子竟然睜開眼睛，過了半天又活過來了。老漢十分高興，就把女兒嫁給了崔護。

◈博陵崔護，姿質甚美，少而孤潔寡合。舉進士下第。清明日，獨遊都城南，得居人莊，一畝之宮，而花木叢萃，寂若無人。叩門久之，有女子自門隙窺之，問曰：「誰耶？」護以姓字對，曰：「尋春獨行，酒渴求飲。」女入，以杯水至，開門設床命坐，獨倚小桃斜柯佇立，而意屬殊厚。妖姿媚態，綽有餘妍。崔以言挑之，不對，目注者久之。崔辭去，送至門，如不勝情而入。崔亦眷盼而歸，爾後絕不復至。

及來歲清明日，忽思之，情不可抑，徑往尋之。門院如故，而已鎖矣。崔因題詩於左扉曰：「去年今日此門中，人面桃花相映紅。人面不知何處去？桃花依舊笑春風。」後數日，偶至都城南，復往尋之，聞其中有哭聲，叩門問之。有老父出曰：「君非崔護耶？」曰：「是也。」又哭曰：「君殺吾女。」驚怛莫知所答。

父曰：「吾女笄年知書，未適人。自去年已來，常恍惚若有所失。比日與之出，及歸，見左扉有字，讀之，入門而病，遂絕食，數日而死。吾老矣，惟此一女，所以不嫁者，將求君子以托吾身。今不幸而殞，得非君殺之耶！」又持崔大哭。

崔亦感慟，請入哭之，尚儼然在床。崔舉其首，枕其股，哭而祝曰：「某在斯，某在斯。」須臾開目，半日復活。父喜，遂以女歸之。

關於《本事詩》

唐代筆記小說。作者孟棨，生卒年不詳。本書主要記錄唐代詩人創作詩歌的背景故事，許多詩篇和唐人軼事因此得以流傳，對於瞭解當時詩人生活和作品頗有參考價值。

田昆侖與天女

出自：《敦煌變文》之《搜神記》

從前有一個人叫田昆侖，家裡甚為貧窮，還沒有娶妻子。他家的田裡有一口相當清澈的水池。夏末時分，農作物快要成熟時，他走在田裡，竟然發現有三個年輕貌美的女人在池塘裡洗澡。田昆侖偷偷想湊近一點看，三個美女竟然變成三隻白鶴，有兩隻飛到一旁的樹上休息，另一隻還在池裡洗澡。他想看得更仔細點，於是躡手躡腳的躲在稻子後頭。

原來，那些美女是天女下凡，那兩個大一點的，已經抱著天衣騰空而去，而最小的那個還留在池子裡不敢出來。田昆侖覺得很有趣，想捉弄她，便把她的衣服藏了起來，留在池中的小天女只好向田昆侖求情：「我們天女三姊妹，難得出來玩耍，在這個美麗的池塘裡戲水，沒想到被主人您看見了，我兩個姊姊很快地飛走了，我不能光著身子從水裡出來。請您大發慈悲，把天衣還給我，穿上了衣服我才好離開池塘，我願意做您的妻子報答您的。」田昆侖反覆考慮，想著若把天衣還給她，恐怕她立即飛走，於是田昆侖對天女說：「我不可能把這件衣服還給妳，不如我把自己的衣服脫下來，暫且讓妳遮一下身體吧。」那個天女一開始不肯從池塘裡出來，說是要等天黑再走。天女一再拖延時間，卻又要不到天衣，僵持許久之後，不得不對田昆侖說：「好吧，就照您的話做，但是請您把脫下來的衣服放在地上！我現在也無法逃走，穿好衣服我就跟您回去。」那田昆侖聽了心花怒放，趕緊將天衣藏在一個沒有人知道的角落，換下了自己的衣服。天女走出池塘對田昆侖說：「您還是把天衣還給我吧，您如果擔心我跑掉，盡可以用力抓緊天衣。我說到做到，絕不會逃跑。」但不管天女怎麼糾纏，田昆侖死活不肯把天衣還給她，帶著天女一起回家給母親看。

田昆侖的母親非常開心，將天女當作自己的媳婦，馬上做酒擺宴，請了許多親戚朋友前來慶賀，告訴他們要稱天女為新娘子。雖然新娘是天女，一開始不太情願，但是日久之後也頗通人情世故，對夫妻生活也都適應了，最後就跟凡人一樣，與田昆侖一家住在一起。歲月飛逝，不久天女就生了一個兒子，長得面目端正，取名叫田章，而那田昆侖被徵召到西方服役，竟然一去不返。

天女自從丈夫離家之後，把兒子帶大到三歲，才開口對婆婆說：「我本來是天女，當初來的時候年紀又小，身體瘦弱，穿著我爸爸給我做的天衣凌空而來。如今我想看看天衣，不知大小是否還合身，如果能夠暫時借給我看一看，就是死了也甘願。」起初，田昆侖臨走之前一再叮囑他的母親說：「這是天女的衣服，千萬要藏好，不然讓您媳婦看到了，她一定會穿上騰空飛走，那就再也見不到她了。」母親問田昆侖：「天衣藏哪兒好呢？」田昆侖和母親一起商量，認為只有藏在臥房才最可靠。於是，他在母親的床底下挖了個洞，把天衣藏在洞裡。想著母親每晚總是睡在床上，不信新娘子能拿得到。於是他們把天衣藏妥了，田昆侖才前往西征。

自從田昆侖走後，天女每天愁眉不展，心中牽掛的都是那件天衣，她對婆婆說：「請您把天衣借給我一會兒，讓我穿穿看。」婆婆每天聽著天女的苦苦哀求，最後於心不忍，於是叫天女去門外，過一會再進來，天女馬上照做。婆婆這才從床下把天衣取出來，讓她看上一眼。天女看到這件天衣，情緒激動如同波濤洶湧，聲淚俱下，但是沒有機會逃跑，於是她又把天衣還給婆婆，吩咐婆婆收藏好。不到十天後，她又對婆婆說：「請再將天衣借給我看一會兒。」婆婆對天女說：「假如妳穿上天衣拋下我，從此遠走高飛，我該怎麼辦呢？」天女說：「我以前是天女，現在是昆侖的妻子，還生了一個小孩，哪裡會捨得離開你們呢？絕不會有這樣的事。」婆婆擔心媳婦飛走，只得牢牢地守好大門。天女穿好天衣後，立刻騰空飛起，從窗戶飛了出去。老母親後悔莫及，一邊生氣一邊大哭，急急忙忙跑到門外看，只見天女在天空中朝遠處飛去。婆婆哭聲直達上天，淚如雨下，不停的自責，難過到食不下嚥。

天女在凡間已經生活了五年多，但是天上的時間才過了兩天。天女回到天界，反而開始思念凡間的生活，擔心自己的小孩。兩個姊姊罵了她一頓，因為她們聽到人間傳來田母傷心的哭喊聲。兩個姊姊對小妹說：「妳不要難過，明天我們姊妹三人一道再去那裡玩，一定能見到妳的兒子。」天女的兒子田章這時才五歲，哭喊著要爸爸、要媽媽，又跑到田裡哭個不停。當時正好有個叫董仲的先生遊歷到這邊，發現這小孩是天女的兒子，又推算出天女將會下界，就對小孩說：「明天正中午，你到池塘邊去看，有三個女人穿著白絹裙子走過來，有兩個會抬頭看你，那個低頭假裝不看你的，就是你媽媽。」於是他按照董仲先生的話，在正中午的時候，果然看見池塘那邊有三個天女，都穿著白絹裙子在池塘邊摘野菜。田章凝視著她們，那些天女遠遠就看見田章，知道是天女的孩子來了，兩個姊姊對小妹說：「妳的兒子來了。」田章立刻大喊：「媽媽！」那小天女雖然羞慚而不敢正視孩子，但終究是親生骨肉，母子重逢，悲喜交加，於是三個天女就一起用天衣裹著這個小孩飛回天界。天帝看見這小孩，知道是自己的外孫，非常憐愛他，教他學習各種各樣的仙術和技能。小孩子到天界過了四、五天，就如同在人世間過了十幾年，學到許多知識。天帝對小孩說：「你把我這八卷書帶走，將有享之不盡的榮華富貴，如果在朝當官，務必小心說話啊！」

田章隨後下凡回到人間，天下的學問都在他的腦子裡，上通天文，下知地理，皇上知道了，就召見他，拜他為宰相。後來，他不小心觸怒皇上，被流放邊疆。過了一段時間，皇上與朝中百官出宮狩獵，在田野裡射到了一隻鶴，囑咐廚師把鶴煮了來吃，廚師割開那隻鶴的嗉囊，居然挖出一個身高只有三寸二分長的小人，身著鎧甲，好像一名猛將，嘴裡不停地叫罵。廚師把這件事情稟奏皇上，皇上詢問文武百官，但是都沒有人知道。後來，皇上又有一次到外面狩獵，撿到一顆堅硬無比的大門牙，有三寸二分長，把它帶回宮中，皇上又詢問朝中百官，仍舊沒有人知道。於是皇上詔告天下，聲稱有誰能知道這兩件東西的來歷，賞賜黃金千斤，各種官職都可任意挑選。儘管如此，還是沒有人能解答。

這時有人建議皇上，天底下應該只有田章一人能知道，於是皇上立刻派出使者找回田章。皇上問他：「據說天下人就你最聰明，天地之間的祕密你都知道，現在我問你，天下有沒有異常大的人？」田章回答說：「有。」皇上問：「既然有，那是誰？」田章說：「從前有個叫秦故彥的人，是皇帝的兒子，曾經替姓魯的家族戰鬥，有一顆門牙被打落，不知掉到哪裡。如果有誰撿到這顆門牙，可以交給皇上驗證一下，就知道是不是。」皇上又緩緩地問說：「天下是不是有異常小的人呢？」田章回答說：「有。」皇上問：「那又是誰呢？」田章回答說：「從前有一個叫李子敖的人，身長才三寸二分，最喜歡做武士的打扮，身穿鎧甲，在田野裡被一隻鶴吞下去了，還能活在鶴的嗉囊裡。如果有人獵到這隻鶴，檢查一下就能得到驗證。」皇上嘖嘖稱奇。接著問他：「天下有沒有特別大的聲音？」田章回答說：「有。」皇上問：「有的話是什麼樣的聲音？」田章說：「普通打雷的聲響，小的話可以震達七百里，若是更大的霹靂，則遠達一百七十里外都還聽得到，這兩種都是特別大的聲響。」皇上問：「那天下有沒有特別小的聲音？」田章回答說：「有。」皇上問：「有的話是什麼樣的聲音？」田章回答說：「有三個人走在一起，其中一個人耳鳴，另外兩個人都聽不到，這就是最小的聲音。」皇上又問道：「天地之間，有最大的鳥嗎？」田章回答說：「有一隻大鵬，翅膀一張就能到西天王母娘娘那裡，向上一飛就達到一萬九千里高空，然後才開始吃東西，這才算是大鳥。」皇上又問：「那天底下最小的鳥呢？」田章說：「沒有比鷦鷯更小的鳥了，那種鳥曾經在蚊子的觸鬚上生了七個孩子，仍然覺得地方太寬闊了，而那隻蚊子也還不知道頭上有鳥呢，這就是最小的鳥。」皇上聽了嘖嘖稱奇，便履行之前的承諾，讓他再回朝當了僕射。因為如此，從帝王到全國人民，大家都知道田章是天女的兒子了。

◈昔有田崑崙者，其家甚貧，未娶妻室。當家地內，有一水池，極深清妙。至禾熟之時，崑崙向田行，乃見有三個美女洗浴。其崑崙欲就看之，遙見去百步，即變為三個白鶴，兩個飛向池邊樹頭而坐。一個在池洗垢中間。遂入谷底，匍匐而前往來看之。

其美女者乃是天女，其兩個大者抱得天衣乘空而去。小女遂於池內不敢出池，其天女遂吐實情，向崑崙道：「天女當共三個姊妹，出來暫於池中遊戲，被池主見之，兩個阿姊當時收得天衣而去，小女一身邂逅中間，天衣乃被池主收將，不得露形出池，幸願池主寬恩，還其天衣，用蓋形體出池，共池主為夫妻。」崑崙進退思量，若與此天衣，恐即飛去，崑崙報天女曰：「娘子若索天衣者，終不可得矣。若非吾脫衫，與且蓋形，得不？」其天女初時不肯出池，口稱至暗而去。其女延引，索天衣不得，形勢不似，始語崑崙：「亦聽君脫衫，將來蓋我著出池，共君為夫妻。」其崑崙心中喜悅，急卷天衣，即深藏之，遂脫衫與天女，被之出池。語崑崙曰：「君畏去時，你急捉我著還我天衣，共君相隨。」崑崙生死不肯與天女，即共天女相將歸家見母。

母實喜歡，即造設席，聚諸情親眷，屬之言曰呼新婦。雖則是天女，在於世情，色欲交合，一種同居。日往月來，遂產一子，形容端正，名曰田章。其崑崙點著西行，一去不還。

其天女自夫之去後，養子三歲，遂啟阿婆曰：「新婦身是天女，當來之時，身緣幼小，阿耶與女造天衣，乘空而來。今見天衣，不知大小，暫借看之，死將甘美。」其崑崙當行去之日，殷勤屬告母言：「此是天女之衣，為深奔，勿令新婦見之，必是乘空而去，不可更見。」其母告崑崙曰：「天衣向何處藏之，時得安穩？」崑崙共母作計，其房自外，更無牢處，惟只阿孃床腳下作孔，盛著中央，恆在頭上臥之，豈更取得。遂藏奔訖，崑崙遂即西行。

去後天女憶念天衣，肝腸寸斷，胡至意日無歡喜，語阿婆曰：「暫借天衣著看。」頻被新婦咬齒，不違其意，即遣新婦且出門外小時，安庠入來。新婦應聲即出。其阿婆乃於床腳下取天衣，遂乃視之。其新婦見此天衣，心懷愴切，淚落如雨，拂模形容，即欲乘空而去，為未得方便，卻還分付與阿婆藏著。於後不經旬日，復語阿婆曰：「更借天衣暫看。」阿婆語新婦曰：「你若著天衣棄我飛去。」新婦曰：「先是天女，今與阿婆兒為夫妻，又產一子，豈容離背而去，必無此事。」阿婆恐畏新婦飛去，但令牢守堂門。其天女著衣訖，即騰空從屋窗而出。其老母搥胸懊惱，急走出門看之，乃見騰空而去。姑憶念新婦，聲徹黃天，淚下如雨，不自捨死，痛切心腸，終朝不食。

其天女在閻浮提經五年已上，天上始經兩日。其天女得脫到家，被兩個阿姊皆罵老

□，你共他閻浮眾生為夫妻，乃此悲啼泣淚其公母。乃兩個阿姊語小女曰：「你不須乾啼濕哭，我明日共姊妹三人，更去游戲，定見你兒。」其田章年始五歲，乃於家啼哭，喚歌歌孃孃，乃於野田悲哭不休。其時乃有董仲先生來賢行，知是天女之男，又知天女欲來下界，即語小兒曰：「恰日中時，你即向池邊看，有婦人著白練裙，三個來，兩個舉頭看你，一個低頭佯不看你者，即是母也。」田章即用董仲之言，恰日中時，遂見池內相有三個天女，並白練裙衫，於池邊割菜。田章向前看之，其天女等遙見，知是兒來，兩個阿姊語小妹曰：「你兒來也。」即啼哭喚言阿孃，其妹雖然慚恥不看，不那腸中而出，遂即悲啼泣淚，三個姊妹遂將天衣，共乘此小兒上天而去。天公見來，知是外甥，遂即心腸憐愍，乃教習學方術伎藝能。至四五日間，小兒到天上，狀如下界人間，經十五年已上學問。公語小兒曰：「汝將我文書八卷去，汝得一世榮華富貴。儻若入朝，惟須慎語。」

小兒旋即下來，天下所有問者，皆得知之，三才俱曉。天子知聞，即召為宰相。於後殿內犯事，遂以配流西荒之地。於後，官眾遊獵，在野田之中，射得一鶴，分付廚家烹之。廚家破割其鶴嗉中，乃得一小兒，身長三寸二分，帶甲頭牟，罵辱不休。廚家以事奏上官家，當時即召集諸群臣百寮，及左右問之，並言不識。王又遊獵野田之中，復得一板齒，長三寸二分，齎將歸回，擣之不碎。又問諸群臣百官，皆言不識。遂即官家出敕，須宣天下，誰能識此二事，賜金千斤，封邑萬戶，官職任選。盡無能識者。

時諸群臣百官，遂共商議，惟有田章一人識之，餘者並皆不辯。官家遂發驛馬走使，急追田章到來。問曰：「比來聞君聰明廣識，其事皆知。今問卿天下有大人不？」田章答曰：「有。」「有者誰也？」「昔有秦故彥是皇帝之子，當為昔魯家鬥戰，被損落一板齒，不知所在。有人得者，驗之官家，自知身得。」更款問曰：「天下有小人不？」田章答曰：「有」「有者是誰也？」「昔有李子敖身長三寸二分。帶甲頭牟，在於野田之中，被鳴鶴吞之，猶在鶴嗉中遊戲，非有一人獵得者，驗之即知。」官家道好。又問：「天下之中有大聲不？」章答曰：「有。」「有者何也？」「雷震七百里，霹靂一百七十里，皆是大聲。」「天下有小聲不？」章答曰：「有。」「有者何也？」「三人並行，一人耳聲鳴，二人不聞，此是小聲。」又問：「天下之中，有大鳥不？」田章答曰：「有。」「有者何也？」「大鵬一翼起西王母，舉翅一萬九千里，然始食，此是也。」又問：「天下有小鳥不？」曰：「有。」「有者何是也？」「小鳥者無過鷦鷯之鳥，其鳥常在蚊子角上養七子，猶嫌土廣人稀。其蚊子亦不知頭上有鳥，此是小鳥也。」帝王遂拜田章為僕射。因此以來，帝王及天下人民，始知田章是天女之子也。

關於敦煌變文

變文是唐代興起的一種說唱文學，用講唱方式傳播通俗易懂的佛經故事，剛開始題材大多出自佛經，後來也演唱歷史故事和民間傳說。清代從敦煌千佛洞發現大量唐代變文鈔本，即敦煌變文。

梁山伯與祝英台

出自：〈祝英台小傳〉

祝英台，小名九娘，是浙江上虞縣一戶富翁的獨生女兒，才能出眾，相貌超群。父母想為她選擇夫婿，祝英台卻說：「我要出外遊歷，找到好人家才嫁給他。」於是她偷偷改換男裝，改名叫祝九官。在路上，她碰見來自會稽的梁山伯，兩人同行到義興縣善權山碧鮮巖，共同修築一座庵堂，一起讀書，同屋而宿。整整三年，梁山伯沒有察覺祝英台是女子。臨近分手時，祝英台與梁山伯約定：「某月某日，務必前來我家，我將稟告父母，把妹妹許你為妻。」而實際上，是把自己許給了梁山伯。梁山伯因為家中一貧如洗，感到羞澀，不敢依約前往祝家提親，耽誤了日期。英台父母便把她許配給馬家的兒子。

後來梁山伯就任鄮縣縣令，便順道拜訪祝家，想要找九官。家僮卻說：「我們家只有一位九娘小姐，並沒有祝九官。」山伯才大驚醒悟，說自己曾是她的同學，請求見祝九娘一面。祝英台以羅扇遮面走出來，側著身子向山伯作個揖，兩個人默默無言，梁山伯離開祝家後，又悔恨、又思念，最後生病而死，遺言說要葬在清道山腳下。第二年，英台要嫁到馬家，在路上，她想祭拜梁山伯，要求船伕繞道。到了那裡，忽然興起狂風巨浪，於是大家停船上岸。祝英台走到梁山伯墓前，放聲痛哭，墳地忽然裂開，英台墜入墳中。她身上穿的上衣和繡裙，化成一群美麗的蝴蝶，翩翩飛走。丞相謝安聽說這件事，請求朝廷封祝英台為「義婦」。這是東晉永和年間的事情。

後來，梁山伯又顯神蹟，幫助朝廷打了勝仗，立了功勞，官員為他在鄞縣蓋了一座廟，把梁山伯與祝英台兩人合葬。他們以前讀書的地方叫做碧鮮庵，在建元年間改為善權寺，如今在寺後有石頭刻著「祝英台讀書處」。寺前約一里處，有一個村莊叫祝陵。山上杜鵑花盛開的時候，總有成雙的大彩蝶在花間飛舞，從來不散開，大家都說那是梁山伯與祝英台的精魂。現在，人們還把這種大彩蝶叫做「祝英台」呢。

◈祝英台小字九娘，上虞富家女，生無兄弟，才貌雙絕。父母欲為擇偶，曰：「兒當出外游學，得賢士事之耳。」因易男裝，改稱九官，遇會稽梁山伯，遂偕至義興善權山之碧鮮巖，築庵讀書，同居同宿三年而梁不知為女子。臨別，與梁約曰：「某月日可相訪，將告父母，以妹妻君。」實是以身相許。梁自以家貧，羞澀畏行，遂至延行，父母以英台字馬氏。

後梁為鄞令，過祝家詢九官。家僮曰：「吾家但有九娘，無九官也。」梁驚悟以同學之誼，乞一見。英台羅扇遮面，出一揖面而已，梁悔念成疾，卒，遺言葬清道山下。明年英台將歸馬氏，命舟子迂道過其處。至則風濤大作，舟遂停泊。英台乃造梁墓前，失聲慟哭，地忽開裂，墜入塋中，繡裙綺襦，化蝶飛去。丞相謝安聞其事於朝，請封為「義婦」。此東晉永和時事也。

齊和帝時，梁復顯靈異，助戰有功，有司為立廟於鄞，合祀梁祝。其讀書宅稱「碧鮮庵」。齊建元間，改為善權寺。今寺後有石刻，大書「祝英台讀書處」。寺前里許村，名祝陵。山中杜鵑花發，時輒有大蝶雙飛不散，俗傳是二人之精魂，今稱大彩蝶尚謂「祝英台」云。

關於〈祝英台小傳〉

作者為清朝道光年間的邵金彪，生平不詳。梁山伯與祝英台的愛情故事，是中國有名的傳說。最早見於初唐梁載言的《十道四蕃志》，此外晚唐張讀的《宣室志》、宋代李茂誠作《義忠王廟記》、明代馮夢龍的《喻世明言》也均有類似故事記載。

夜光娘子

出自：《夜語秋燈錄》

有一位孫秀才，名字叫做罒，心地善良，長相俊帥，他住在一處名為三十六陂的湖岸邊，搭建了幾間茅屋，周圍煙波浩渺、翠綠環繞，讀書聲與漁唱樵歌互相應和，但因為貧窮結不起婚，對選擇配偶又很苛求，所以到了二十歲仍然單身一人，家中瑣事，大多自己動手。屋門前有一千多株楊柳，常常繫著如蜻蜓般的輕快小船。孫秀才生性十分善良，經常替人寫字畫畫，得些錢就買些魚蝦螺蚌之類，親自送到湖中放生。他還寫了一首《湖干雜詠》：

門前老樹罥枯藤，戒殺年來勝野僧；多謝綠蓑人識我，到門不敢掛魚罾。

手采湖鮮與澗毛，筍芹風味亦陶陶；笑他咒鱉生重肪，何苦頭銜署老饕。

雨雨風風怕出頭，書叢人拜小諸侯；忽聽划楫呼生物，又欲拋書泛小舟。

某一天，孫秀才正解下船纜，忽然來了一位不認識的老太太問他：「孫秀才要到哪裡去？」他答說：「我要去放生這些小動物。」老太太又說：「你先別走，我要替你說個媒。」孫秀才皺著眉頭：「幫我說媒可不容易，您姑且說看看吧。」老太太又說：「人人都說秀才性情古怪，看來確實如此。我受人託付，一言九鼎，並不是只想討杯喜酒喝那種人。釜山神的女兒夜光娘子仰慕你，想和你結為連理，讓我來作介紹人，請你答應。」

孫秀才連忙掩住耳朵，笑著說：「瘋婆子真是戲弄書生，你可知道人神殊途嗎？」老太太一拍雙手，回道：「大家都說秀才知道天下事。洞庭柳毅、藍橋裴航的故事，難道天天抱著書本的人還不知道嗎？」孫秀才說：「作家虛構的故事，怎麼能夠相信？」老太太說：「秀才不相信，為什麼不隨我去見一見夜光？」孫秀才說：「好吧。」兩人便動身離開，划船行了三、四里，只看到萬頃荷花，花朵都呈現五種顏色，花瓣葉紋，宛如一縷縷金絲；水鳥往來穿梭如同織布一般。其中有十個年輕女子，蓬著頭髮，梳著烏鴉髻，穿著如同普通村姑，一邊採著菱藕，一邊唱著：

採菱復採菱，莫驚翡翠禽；採藕復採藕，惟羨鴛鴦偶。雄鴛文彩如鳳雛，雌鴛渾樸如鷗鳧。雄但憐雌交頸宿，下眼何曾覷野鶩！可憐野鶩不知愁，亦復雙飛古渡頭。

唱完歌，見到兩人便大喊：「解姥姥帶來一位玉郎，這是夜光娘子的夫婿嗎？」老太太答說：「是啊。」那些女子又說：「我們雖然只是庸脂俗粉，自信不比夜光差，解姥姥為什麼偏心？」老太太還來不及回答，孫秀才笑著說：「算了吧。這樣的人都可以算是仙女，真是要笑死人了，我還是趕緊走吧，我還要去和文友們聚會呢。」老太太說：「公子不要只看外表，夜光如果在她們中間，那可真算得上鶴立雞群了。」孫秀才說：「看看她們，我可以想像得出來夜光的模樣。我要走了。」立即讓老太太換乘採菱藕的船，自己划著船槳笑著離去了。

一個多月後，老太太又來到茅屋中，說：「夜光娘子長得天姿國色，東海龍王的三兒子從涇陽回來，途中偶然見到夜光，驚為天人，甚至還要拿白玉床、珊瑚枕當下聘的聘禮，娘子因為生氣，差點答應，幸好我極力阻止，所以還有一線希望。」孫秀才說：「隨便她啊。」老太太說：「你以後難道不會後悔嗎？」突然，有一個長得黝黑肥胖的男子從門外走過，老太太指著說：「這就是夜光的弟弟。」孫秀才大笑說：「俗話說：『娶妻子，看舅子』。你看他那肥大笨拙的樣子，就可以知道他姊姊怎麼樣了。」老太太紅著臉走了。

一眨眼又到了中秋佳節，湖心花園的桂花開得茂盛，遊人如織，孫秀才也前去觀看。荷花已經凋謝了，只留枯萎的荷葉，風景顯得蕭條。回頭再看亭園，桂花飄落如黃雨，香味撲鼻，沁人心脾，極為濃郁。走入亭園中，只見各處都被遊人坐滿了。世俗的聲音讓他很不耐煩，於是走到了一座沒什麼人煙、毫無裝飾的茅草亭子。他看見泥壁上頭還題著一首詩：

嫦娥明鏡古今持，照盡人間好影兒；多少斷腸痴女子，可能高眼判妍媸！

詩後面題的跋是：

是夕攜解姥眺月於此，閒話偶拈。夜光。

孫秀才反覆吟誦，如同喪魂失魄，驚訝地說：「難道這是夜光寫的詩嗎？到底是不是？」他面對泥壁輕聲吟誦，幾乎忘記天色已黑，離開時仍然回過頭來看，那筆跡秀媚的詩句，令他心動不已。回家途中，他看見一條畫舫，裡頭有個穿著翠袖白衣的女子，烏黑的頭髮，蓮花小腳，旁邊坐著一位老太太，正是解姥姥。孫秀才急忙喊道：「是解姥姥嗎？」老太太見到是孫秀才，急忙放下簾幕，划進花叢中，連船都看不到了，也不知道是不是夜光。孫秀才回家後苦思冥想，吃不下飯，睡不著覺。

第二天，他一見到老太太隔著水堤划著小槳，急忙和她搭訕，並且邀請她來家裡坐坐。老太太笑著說：「我每天都要織布，又要替夜光監督女工們，沒空耽誤秀才的時間了。」孫秀才問：「夜光到底長什麼樣子？」老太太回答說：「鬼臉夜叉頭，十個手指大如葵扇，秀才怕不怕？」孫秀才說：「我知錯了，懇請姥姥不要跟我開玩笑了。」老太太說：「中秋那天和畫舫相遇，你看痴了的，不就是夜光嗎？」孫秀才說：「她的相貌確實美麗，那座亭子裡題的那首詩，真的是夜光寫的嗎？還請姥姥解我心中之惑。」老太太說：「你真是井底之蛙啊！」說完，匆匆地離去了。

孫秀才從此時而思念時而悔恨，於是把氣發在當初看到採菱藕的小姑娘身上。一聽見她們的歌聲便追過去趕人，罵道：「我和妳們有什麼冤孽，真是害死我了。」一個多月後，他竟然病了，一天天地變得委靡不振，家奴請來醫生為他診治，大家卻都束手無策。家奴哭著說：「少爺您不可以走啊，有任何困難都儘管吩咐，奴才一定去完成。」孫秀才輕聲嘆息，說：「解姥姥……」家奴明白他的意思，便向湖神禱告，果然找到了解姥姥。姥姥被拉來，見到秀才就說：「求我幹什麼呢？我又不是能夠減輕病情甚至治癒重病的神醫。」孫秀才只說：「夜光。」老太太說：「傻秀才，請死了這條心吧。她已嫁給了龍王的三兒子，能怎麼辦？」孫秀才一聽，肝腸寸斷，竟暈厥過去！

老太太轉身離去，家奴呼喚秀才也不見甦醒，正哭泣著準備為他裝斂，老太太忽然和一位美麗的女子一同來了，撫摸著孫秀才的屍體，說：「公子趕快醒來，夜光在這裡。」孫秀才兩眼微微睜開，總算恢復了一點氣息。他一看見解姥姥和那名女子，抽泣嗚咽著說：「噫！來了嗎？」隨即又昏死過去了。女子口中吐出一個白色小球，小如彈丸，朝他嘴中吐進去，孫秀才肚裡發出嘓嘓的聲音，頓時便醒了過來。等到孫秀才回過神，他問道：「妳真的是夜光娘子嗎？」女子點頭說：「是的。」孫秀才說：「請為我吟誦一遍壁上的望月詩，我才願意相信。」夜光輕聲吟誦了那首詩，孫秀才說：「我一時糊塗，並非不會辨別美醜，只是眼界太高誤了自己。以後我的生死就決定在妳和解姥姥手中了。」解姥姥笑著說：「傻秀才，之前高高在上，裝模作樣，幾乎害死了自己，怎麼還埋怨我這個媒人呢？」說完拉著夜光說：「人救活了，我們何不離開？」夜光才剛要走，孫秀才伏在枕頭邊哀求說：「請留步，我已知罪。」捉住夜光的衣角死死不放。解姥姥說：「娘子不計較你以前的過錯，拯救了你的餘生。你莫非現在還真想做夫妻？」孫秀才跪在枕頭上叩頭。老太太又笑著說：「太不像話了，種田郎娶妻，都還有規矩，何況娘子是神女，難道還要主動上門嗎？窮書生才活過來，就死死地糾纏人。」說完，拉著夜光趕快離去。

孫秀才大聲哭喊，家奴擔心他再次死去，急忙撐船追趕，想哀求她們再回來。孫秀才瘋狂哭喊，忽然身後有人撫摸他，並說：「你這痴情郎，何必像小孩那樣無理取鬧地哭呢？」他覺得奇怪，回頭一看，原來是夜光，便說：「妳是可憐我回來的嗎？」夜光說：「我和公子有緣份，願意結為連理，擔心公子用情不專，一個不如意就把我拋棄，所以我才特意考驗你罷了。我是神女，婚嫁的規矩不像人間，即使是天下最醜之人，談婚論嫁也還要裝模作樣。我要和你百年團聚，能忍心馬上離去嗎？」孫秀才高興得不得了，自己起身關上門，病也突然好了。他回頭一看，床上被褥鮮艷潔淨，桌椅茶几整齊漂亮，一切彷彿新造。孫秀才歡天喜地，都還來不及問個明白，就和夜光洞房花燭了。另一頭，家奴苦苦追趕解姥姥，一直追到蘆葦叢中，進了一間小房子，裡面只有解姥姥在。家奴不停地哀求，姥姥說：「娘子回家了，你住下來，明天清晨和你一起去找。」第二天清早，家奴發現自己睡在沙灘上，房屋全沒了，邊哭邊罵解姥姥騙了自己。他划船回來，一進門，只看見夜光娘子正對鏡子梳理早妝，孫秀才為她調理鉛粉和雌黃，儼然已成了一對夫妻。

自此以後，孫秀才從早到晚都和妻子一起玩著猜謎打賭的遊戲，再也不好好讀書了。夜光娘子仍然督促自己婢女好好紡織，完成的織品都價格不菲，家裡頓時變得富有了。她又將一個名叫小青的婢女許配給家奴，對他說：「這是為了補償你曾經為了你家主人露宿沙灘上。」她又為孫秀才娶了一個小妾，孫秀才說：「我每日對著妳芙蓉般的模樣，看上一百年都還不滿足，怎麼還讓別人來分走我們在一起的時光呢？」夜光娘子說：「我實在無法為你生兒育女，如果因此讓你斷了孫家的香火，我的罪過可大了！」孫秀才雖然同意納妾，然而他還是每天都陪伴在夜光娘子身旁，片刻不離。有天晚上就寢後，兩人正在歡好時，孫秀才仔細一看，才發現對方居然是小妾，心裡雖然感到訝異，但卻不忍心說破。原來，先前夜光娘子從衣箱中挑出一件青色背心交給小妾，說道：「妳每天晚上將這件青色背心穿在裡面，和郎君面對面坐著。」小妾按照吩咐穿上後，她的容貌就變得肖似夜光娘子，說話談笑的聲音、嫵媚的姿態，都與夜光娘子沒有什麼分別。第二年，小妾生下一子一女，夜光娘子對待孩子就像是自己親生的一樣。

過了一段時間，一天夜裡，夜光忽然流著淚對孫秀才說：「我們的緣分盡了。」孫秀才驚訝地問她原因，她說：「實話告訴你，龍王三太子對我假借他的名義很惱怒，又看我長得漂亮，想要把我搶去。」孫秀才說：「縱然是龍子，強搶他人妻子，難道就可以饒恕嗎？明天，我要寫奏狀上告天帝。」夜光說：「這件事只能用武力解決。明天他來的時候，你帶著小妾，抱著孩子坐在樓上，度過一頓飯的工夫，災難就可以過去。」接著又喊家奴過來，畫一個符咒黏貼在他的額頭上，並把弓箭交給他，對他說：「你站在門口觀戰，聽到我在戰鬥激烈時大喊『破塊子』，你立即對著白衣人射箭，千萬記得。」

到了三更時分，隱隱傳來雷聲，天開始淅瀝瀝下起雨。到了五更，突然找不到夜光娘子了。秀才只好關上屋門，照著娘子的吩咐做。家奴則拉滿了弓站在門口。這時，只看見夜光穿著柔軟的鎧甲繡衣，和一個白衣人在湖面上交戰。白衣人口吐黑霧鋪天蓋地，天上下起冰雹，夜光口中吐出斗大的紅色珍珠，光芒照耀在天地之間。許多水怪爭相湧向茅屋門口，卻都避開了家奴，好像很害怕他額頭上的符咒。過了一會兒，果然聽到夜光大喊

「破塊子」，家奴立刻射出一箭，正射中白衣人的腰胯。只聽得雷聲轟鳴，白衣人變成龍向西逃去，而夜光也變成一隻巨蚌，收回紅珍珠後，走進了蚌殼中。那巨蚌大得就像車蓋一樣。孫秀才時時想念著夜光，幸好對著貌似夜光的小妾，稍微能安慰離別之情。

◈孫秀才，名昚，居三十六陂。品既高潔，貌尤翩躚，而地尤四圍煙綠，結茅數椽，讀書聲與漁椎樵歌相問答。貧不能娶，擇偶亦苛，年二十猶鰥也，井臼縫紉，多自為之。門前楊柳千株，繫艇子如蜻蜓。顧性最善，常以傭書畫資購魚蝦螺蛤之屬，親送入湖放生。《湖干雜詠》句云：「門前老樹罥枯藤，戒殺年來勝野僧；多謝綠蓑人識我，到門不敢掛漁罾。手采湖鮮與澗毛，筍芹風味亦陶陶；笑他咒鱉生重肪，何苦頭銜署老饕。雨雨風風怕出頭，書叢人拜小諸侯；忽聽劃楫呼生物，又欲抛書泛小舟。」一日，正解纜，忽一老嫗來曰：「孫秀才何往？」曰：「放生去。」曰：「且住，擬為秀才作冰。」生蹙額曰：「是大不易，姑妄言之。」嫗曰：「人人道秀才家撇古，竟果然。老身受人托，一言重九鼎，非徒攫喜觴飲也。釜山神女夜光娘子，慕雅望，欲附為婚姻，遣介紹，乞季允。」

生急掩兩耳笑曰：「癲婆子戲弄書生，幽明途殊，語何不倫？」媪拍掌曰：「人道秀才知天下事，洞庭柳毅，藍橋裴航，豈日日抱本頭者尚不知耶？」生曰：「才人鑿空，何能深信？」曰：「秀才不信，何弗隨老身一覿夜光面？」曰：「諾。」刺船三四里，視荷花萬頃，皆五色，花瓣葉紋，宛縷金絲，鷗鷺水禽，往來若織。內有數十小女子，蓬頭鴉髻，如村姑裝，采菱藕作歌曰：「采菱復采菱，莫驚翡翠禽；采藕復采藕，惟羨鴛鴦偶。雄鴛文彩如鳳雛，雌鴛渾樸如鷗鳧。雄但憐雌交頸宿，下眼何曾覷野鶩。可憐野鶩不知愁，亦復雙飛古渡頭。」

歌已，見媪和生來，呼曰：「解姥姥攜得玉郎來，其夜光娘子婿耶？」曰：「然。」曰：「我輩粗釵膩粉，自信不減夜光，姥姥何偏心？」媪未及答，生笑曰：「休矣。若以此為神女，真辱抹煞人。請去，僕尚踐蓬社約。」曰：「秀才休皮相。夜光置若輩中，雞群鶴也。」曰：「因此例彼可想見，僕去休。」立遣媪易乘菱藕船，自鼓楫一笑去。

月餘，媪又詣草堂，曰：「夜光，國色天人也，東海龍宮三世子從涇陽歸，偶見夜光，云比灌壇美，近欲下白玉床、珊瑚枕為聘，夜光憤欲許，老身力阻撓，尚有一線望。」生曰：「聽之。」曰：「後寧勿悔耶？」倏一黑胖男子門外過，媪指曰：「此夜光弟也。」生大笑曰：「何如？諺云：『娶妻看阿舅。』渠膨脝，可知其姊。」嫗面赬逸去。

瞬屆中秋，湖心鑒園桂花大開，遊人雲集，生亦往視。殘荷留蓋，風景蕭條。回睨園亭，桂如黃雨，香通鼻觀，極沁極濃。步入，則各處均為遊人占坐。茶煙酒霧，雜以喧呶，厭甚。惟近水一茅亭，乃不加雕琢者，闃無人。視泥壁有題詠，墨瀋淋漓猶濕。句云：「嫦娥明鏡古今持，照盡人間好影兒。多少斷腸痴女子，可能高眼判妍媸。」

跋云：是夕攜解姥眺月於此，閒話偶拈。夜光。

生吟諷再三，如喪魂魄。詫曰：「夜光詩耶？然耶？否耶？」對坐微吟，幾忘日暮。去猶回顧，筆跡秀媚，心頗動。途中遇一畫舫，中坐二八女郎，縞衣翠袂，雲鬟蓮鉤，旁坐一嫗，解也。生急呼曰：「解姥耶？」嫗見生，急下舫帷，刺入花叢，玉人不見，亦不知其是否夜光。歸涉冥想，餐眠不安。

明日，見嫗短棹隔小堤，急趨與語，且邀過從。嫗笑曰：「老身夜夜織冰綃，又為夜光督婢繡，幾忙煞，實無暇與秀才閒磕牙。」曰：「夜光貌究若何？」曰：「鬼臉夜叉頭，十指如葵扇，秀才怕否？」曰：「乞姥姥恕小生，毋誆也。」曰：「中秋遇畫舫，酸目灼灼胡覷者，非夜光耶？」生曰：「貌果美矣。茅亭題壁句，美人真才否？請釋狐疑。」曰：「秀才真井底蛙耳。」言已，匆匆去。

生由是思念悔恨，還怒采菱藕小女子，聞歌聲即逐去，曰：「惡冤孽，欲害殺小生。」月餘，竟病，日漸頹唐，奴子延醫診之，不愈。纏綿床笫，氣息奄奄。奴泣曰：「秀才好掙扎，有隱曲，當明告，或能竭犬馬。」生唏噓曰：「解姥。」奴會意，禱於湖神，果尋得嫗，拉見生。曰：「老身非和緩能起沉屙者，央何為？」曰：「夜光。」曰：「痴秀才請絕望。渠已嫁三世子，奈何？」生聞之，大慟暈絕。

嫗去，奚呼之不能蘇，方涕泣謀易簀，忽嫗偕一美女子來，撫生屍曰：「郎速醒，夜光在此。」生雙眸微啟，一息頓延。見嫗與女，抽咽曰：「噫！來乎？」應聲復斃。女口吐一白球，小如彈，就生吻吮度之，腹嘓嘓鳴，頓蘇，久之神定，問女曰：「卿真夜光耶？」曰：「然。」曰：「卿為小生吟壁上望月詩方信。」女曼聲吟之，生曰：「小生非不判妍媸，特為高眼誤耳。嗣後生死，惟卿與解姥所命。」嫗笑曰：「痴秀才，前番高位置，喬行徑，幾自殺身，奈何恕蹇修？」挈女曰：「渠活矣，娘子盍歸去來？」女投袂欲起，生伏枕哀曰：「少住，小生自知罪。」因牽女裾，死不放。媪曰：「娘子不念舊惡，拯爾殘生，尚望婚媾乎？」生惟伏枕叩。又笑曰：「大謬，田舍郎娶妻，尚有小禮儀，況娘子神女，豈能移岸就船！窮措大甫得命，即生生糾纏煞人。」言已，拉女遽去。

生大號，奴子恐其復甏，急刺船追去，意哀之返。生哀哭不能已，忽身後有人撫之曰：「痴郎少作態，何必定憨啼如小兒？」驚視之，女也。曰：「卿慈悲小生耶？」曰：「妾與郎有緣，願奉巾櫛，恐郎非鍾情者，動致紈扇種種乖離，特試之耳。妾神女，不似人間婚嫁，醜如鳩盤，尚欲喬做作。妾方圖百年聚，忍遽去耶？」生喜，自起掩扉，其疾若失。回視茵褥光潔，幾案安詳，簾幕均如新制。不及詢，遽與寢處，繾綣歡愛。奴子追嫗至葦蕩中，入一斗室，入僅嫗在，哀之。嫗曰：「娘子回洞府，盍止宿，晨與俱去。」翌晨，奴臥沙水上，屋宇全空，涕泣罵嫗詐己。返棹入門，則女已對鏡早妝，生為勻鉛黃，儼成伉儷。

由是日夕賭枚藏鉤，不思進取。女督婢課織，值甚昂，家頓富。又以婢子名小青者配奴。曰：「償汝露宿沙上苦耳。」且為生置妾，生曰：「日對芙蓉，百年猶不足，奈何使他人爭夕？」曰：「妾實不能作蘭，若由妾斷宗祀，罪何可言！」生雖見許，而日惟偎女，無一刻離。夜寢，交媾間一詳視，妾也。心雖駭異，不忍言。蓋女早檢篋出一青比甲與妾，曰：「每夕衷於衣內對郎坐。」妾衣之，即貌似女，言笑聲音，嫵媚無二。明年，妾生子女各一，女尤愛憐。

忽一夕，泫然謂生曰：「緣盡奈何？」驚詢之，曰：「實告君，龍宮三世子怒妾託伊名，且憐妾美，欲強奪。」生曰：「彼縱龍子，奪人妻，豈無罪？明當作文預訴於上帝。」女曰：「是宜用武，明日君當攜妾抱兒坐樓上，炊許即災難過。」呼奴至，書符黏其首，以弓箭與之，曰：「爾立門首，聞吾戰酣，呼『破塊子』，爾即對白衣人射，勿忘也。」

三更許，雷隱隱，雨淅瀝，五更，尋女不見。不得已，閉戶遣奴如女言。奴彎弓俟，見女軟甲繡衣，與白衣人戰湖上。白衣人吐黑霧迷天地，冰雹如雨；女吐大赤珠如斗，照耀兩間。魍魎水怪，激浪如山，爭湧至門，見奴輒落，若畏其符。少頃，果聞女子呼，奴手發一矢，正中白衣腰胯。雷大震，化為龍西竄。女亦化為大蚌，收珠入殼去，巨如車蓋亭雲。生動輒思女，幸對新人如故人，稍慰離情。

關於《夜雨秋燈錄》

清代筆記故事集。作者宣鼎（1832～1880），他四十歲時開始寫《夜雨秋燈錄》，以寫作狐鬼怪奇之事，反映社會現實，在模仿《聊齋》的作品中屬優秀之作。

孟姜女哭倒長城

相傳在秦朝的時候，有一戶姓孟的人家在牆邊種了一株瓜苗，瓜藤順著牆攀爬，爬到了隔壁姓姜的鄰居家裡，還結了好大的一個瓜，於是兩家人決定平分這個瓜。沒想到刀子才對著瓜比劃一下，瓜就自動裂成兩半，裡面居然有個白白胖胖的小女嬰，兩家人都覺得小女嬰很可愛，決定一同收養她，並用兩家的姓來取名字，叫「孟姜女」。

日子一天天過去，孟姜女慢慢長大了，個性溫柔善良，聰明能幹，懂事又乖巧，而且善解人意，成為孟、姜兩家的掌上明珠。兩家人一方面希望幫她找個好對象，一方面又捨不得她出嫁，所以雖然有不少媒人來提親，但一直沒有合適的人選。

這時候，秦始皇為了修築長城，到處強拉民伕，有一個叫范喜良的讀書人，看到官兵到村子裡拉人，連忙逃到隔壁村，跑得上氣不接下氣，剛準備休息一下，又看見另一隊官兵也來到這個村莊，情急之下，翻牆進了一個院子裡躲藏。這個院子正是孟姜女家的後院，孟姜女看到一個陌生男子闖入，正要大叫時，范喜良連忙比手劃腳地示意不要聲張，並比了比外面，孟姜女聽到牆外有秦兵大聲么喝，好像明白發生了什麼事，眼看這個人也不像壞人，決定暫時讓他先在院子裡避一避，並向父親稟告此事。

孟家員外來到後院，仔細盤問范喜良的姓名、來歷、家庭，以及為什麼翻牆入院，范喜良一五一十地回答說：「我叫范喜良，父母都在秦國的暴政下被害死，最近聽說秦兵在村子裡拉伕築長城，才匆忙逃離家園來到此處，只是沒想到這裡也有秦兵在拉伕，只好翻牆避離，冒犯之處，尚祈見諒。」員外見他態度誠懇，談吐不凡，答應讓他暫時藏在家中避難。

范喜良在孟家住了一陣子，外頭拉伕的風聲漸息，孟、姜兩家人見范喜良一表人才，舉止大方，而且不論種田、砍柴，都主動幫忙，心想，在這兵荒馬亂的時局，與其把寶貝女兒家到別人家，不如招他為婿，也可以把女兒留在身邊。在徵求兩人的同意後，這門親事就定了下來，開始熱熱鬧鬧地籌備婚事，兩家人選定了一個良辰吉日，讓小倆口拜堂成婚。只是天有不測風雨，兩人才結婚三天，突然有一隊秦軍到村子裡拉伕，不由分說地就把范喜良給帶走了，留下孟姜女在原地不知所措，只能每天以淚洗面，日夜盼望著丈夫能夠平安歸來。

一年過去了，孟姜女不僅沒盼到丈夫回來，連報平安的書信也沒收到，聽說監工的官員為了早日完工向皇帝交差，完全不顧民工死活，過度勞累、餓死凍死的不計其數，孟姜女聽到以後更是坐立不安，無法再繼續待在家中等待，決定親自到長城尋找丈夫。

孟姜女離家後一路往北走，愈北愈冷，但她彷彿沒有感覺似的，日夜趕路，餓了就胡亂吃些乾糧，累了就隨便找地方睡，就這樣也不知道走了多久，終於走到修築長城的地方。她逢人就問，「有沒有看到范喜良？」問了好多人，終於遇到認識范喜良的人，這才知道，原來丈夫早就因為過度勞累死了，而屍體則被填在長城底下。

孟姜女突然感到一陣暈眩，這段時間支撐著她一路走到這裡的力量好像突然被抽乾了，她忍不住放聲大哭，哭得驚天動地、日月無光，連上天都受到感動，突然之間，「轟隆」一聲巨響，長城居然崩塌了一塊，底下露出一具屍體，正是丈夫范喜良，孟姜女上前抱住丈夫，哭得死去活來。

正好秦始皇帶著大隊人馬前來巡視長城的修築狀況，聽到有人哭倒長城，親自坐車來查看，原本要嚴厲懲罰這個弄倒長城的凶手，但是他一看到孟姜女後，就被孟姜女的美麗深深打動，於是心生邪念，想要強納孟姜女為妃。孟姜女當然是抵死不從，一看到秦始皇，就想到丈夫身亡的血海深仇，但是自己一個弱女子要怎麼跟個暴君對抗？眼看著秦始皇不斷地花言巧語要討自己歡心，她心中閃現一個想法。

她說：「我不要金銀珠寶，只希望陛下答應我三件事。」秦始皇連忙說：「不要說三件，就算三十件我都答應妳。」孟姜女說：「我的丈夫為了修城而死，如今屍骨未寒，希望可以替他立碑、修墳，隆重安葬。」秦始皇說：「這個簡單，沒問題。」孟姜女又說：「希望陛下替范喜良披麻戴孝，率領文武百官為他送葬。」秦始皇心想，我堂堂大秦帝國的皇帝，豈能幫一個小老百姓送葬？但是想到可以一親美人芳澤，這點面子又算什麼？於是咬著牙說：「這件事我也依你，第三件事是什麼？」孟姜女說：「我長這麼大還沒看過大海，希望陛下能帶我坐船出海。」秦始皇說：「這個容易，就這樣決定了。」

於是，秦始皇立刻派人幫范喜良立碑、修墳、厚葬，並帶著文武百官替他送葬，接著就乘著船帶著孟姜女出海，得意地對她說：「美人啊，你的三件要求我都做到了，換妳答應我的要求了。」孟姜女說：「謝謝陛下成全，我可以安心地見我的丈夫了。」說完就縱身跳海，秦始皇來不及攔住她，急忙派人打撈，只是此刻風浪正大，孟姜女又是抱著必死的決心投海，根本無從打撈，只能眼睜睜看著孟姜女到另一個世界跟范喜良相會了。

有此一說

現今常見的孟姜女哭倒長城故事，是經過歷代集體創作慢慢演變而來的。有學者認為孟姜女的故事原型，來自《左傳．襄公二十三年》中齊國武將杞梁的妻子。杞梁在齊莊公襲擊莒國的戰役中戰死，莊公回國時，在郊外遇見杞梁的妻子，派遣使者去弔唁，遭到杞梁妻子拒絕，莊公只好親自前往祭弔。《禮記．檀弓下》的記載則加上了「哭」的情節，「杞梁死焉，其妻迎其柩於路而哭之哀。」接著西漢劉向的《列女傳》又加上「就其夫之尸於城下而哭之，……十日，而城為之崩。……赴淄水而死」的情節。

唐代貫休的詩作〈杞梁妻〉：「秦之無道兮四海枯，築長城兮遮北胡。築人築土一萬里，杞梁貞婦啼嗚嗚。上無父兮中無夫，下無子兮孤復孤。一號城崩塞色苦，再號杞梁骨出土。疲魂飢魄相逐歸，陌上少年莫相非。」直接把杞梁變成了秦朝人，說其妻哭崩了秦長城。杞梁的名字後來則有萬杞梁、萬喜良或范喜良等說法。宋代開始有孟姜女廟，元明清之後，孟姜女的故事進入戲曲、寶卷和小說中，流傳更廣。

牛郎織女的故事

出自：《牛郎織女傳》

很久以前，有一對貧窮的兄弟，因為父母雙亡，靠著父母留下的田地和一頭牛，哥哥種田、弟弟放牛，兩人相依為命，勉強過生活。後來大哥結了婚，嫂嫂一直覺得這個弟弟很礙眼，想把他趕出家門，霸佔父母留下來的房屋和田地，於是跟弟弟說：「你年紀也不小了，不能再賴著哥哥，該自己去外面成家了吧。」於是，弟弟帶著那頭老牛離開家，到處流浪，大家就把他叫做「牛郎」。

牛郎和老牛來到一片荒地，辛勤地披荊斬棘、開闢田地，還搭建了一間小小的茅屋，生活總算不成問題。只是除了老牛之外，家裡沒有其他人陪伴，牛郎覺得冷清寂寞，只能獨自向老牛傾訴孤單的心情。有一天夜晚，老牛突然開口說話，把牛郎嚇了一大跳，他說：「我本是天上的金牛星，因觸犯天庭，被貶謫到人間，很感謝你這幾年來的細心照顧。明天早上，你去東邊山谷的天池，會看到有一群仙女在洗澡，你把放在旁邊的羽衣拿走一件藏起來，那個仙女就會成為你的妻子。」牛郎突然醒了過來，發現原來是一場夢，只是老牛說的話歷歷在耳，讓牛郎半信半疑，決定明天去看看。

第二天一早，牛郎便來到池邊，果然看到有七個女孩子在池子裡洗澡，他依照老牛的指示，悄悄偷走一件放在池邊的羽衣，接著他躲在草叢裡用力咳了一聲，仙女們聽到有人來了，匆匆忙忙地上岸穿上羽毛，像鳥一樣輕盈地飛走了，只留下一個找不到衣服的仙女，又羞又急，不知如何是好，這時牛郎從草叢中走出來說：「跟我回家當我的妻子，我就把衣服還給你。」這個仙女沒其他辦法，只好含羞答應，跟著牛郎回家。兩人結婚後，牛郎牧牛種田、仙女織布，人們看到她織的布又漂亮又耐用，就稱她為「織女」。

三年過去了，牛郎與織女感情非常恩愛，還生下了一男一女，日子過得幸福美滿。老牛看到牛郎的生活幸福安穩，放心地離開人世間，臨終前，他再度託夢跟牛郎說：「我的壽命已經到了盡頭，我離開之後，你要把我的皮剝下來，披上它，就能飛上天，也許有一天你會用到。」

織女原來是天帝的小女兒，天帝發現織女不僅私自溜到人間，居然還嫁給凡人，勃然大怒，要王母娘娘去把織女帶回天上。這天，織女正在煮飯，忽然狂風大作，王母娘娘帶著天兵天將從天而降，要織女跟他們回天上，織女知道自己有錯，也怕傷害到孩子們，於是不敢反抗，只能淚流滿面傷心地對牛郎說：「夫君，我要回去了，你要好好照顧孩子們。」然後就在孩子的哭喊聲中，跟著一起飛往天空。

牛郎見狀，怎麼捨得讓織女離開，心急萬分，突然想起了那張老牛皮，連忙用一對籮筐挑著兩個兒女，披上老牛皮，果真飛了起來，追著織女而去。眼看牛郎快要趕上織女，沒想到被王母娘娘發覺，她當然不願見到織女被牛郎搶回去，於是拔下頭上的金簪，往兩人中間一劃，立刻出現了一條波濤洶湧的天河橫在牛郎與織女之間，而牛郎氣力用盡，再也無法跨越這條天河。

織女望著天河對岸的牛郎和兒女們，忍不住大聲痛哭，哭聲震天，連遠在天庭裡的天帝都聽到織女的哭喊；天河對岸的牛郎無法和織女相聚、孩子們無法看到母親，同樣也是哭得死去活來，聽著他們錐心刺骨的哭聲，連一旁押送織女的天兵天將都覺得心酸難過，於心不忍。天帝、玉母看到此情此景，也被兩人的堅貞愛情所感動，便同意讓牛郎和孩子們留在天上，每年七月七日，由無數的喜鵲搭起鵲橋，讓兩人可以在鵲橋上相會。

從此，牛郎和他的兒女就住在天上，隔著天河，和織女遙遙相望。在秋夜的天空中，可以看見銀河兩邊有兩顆較大的星星，就是織女星和牽牛星，而牽牛星旁邊還有兩顆小星星，就是牛郎織女的兒女。

關於《牛郎織女傳》

作者為明朝小說家朱名世，約萬曆年間人，生卒年不詳，他將牛郎織女的故事，改編成十二回的小說，首次在故事中添加了牛郎趁織女洗澡偷衣的情節。

有此一說

牛郎和織女在典籍中的記載最早是兩顆星星，即牽牛星和織女星（見於《詩經・小雅・大東》），到了東漢末年，這兩顆星開始有了人格，產生愛情且結為夫婦。後來民間流傳的牛郎織女故事，是結合「兩兄弟」、「狗耕田型」和「羽衣少女型」的故事情節，再融合鵲橋傳說，形成我們熟知的版本，並且與董永的故事互相影響。

第六部　世間無非人情義理

善人必有好報，惡人終將受懲。
在一則則的故事裡，是非善惡、忠孝節義，
再也不是老生常談。

楚國神偷

出自：《淮南子》

楚國將軍子發喜好招聘有技術的人。楚國有一個擅長偷竊的人前去求見，說：「聽說您正招募有技術的人，我是楚國小偷，願意憑這種技術充當小兵。」子發聽說後，衣帶都來不及繫好，帽子都來不及戴正，便出來接見小偷，以禮相待。子發身邊的人勸阻他說：「小偷是天下人都不喜歡的，為什麼要這麼禮遇他？」子發說：「這種技能不是你們所擁有的。」

事隔不久，齊國興兵攻打楚國，子發領兵對敵，楚軍三次被擊退。楚國的賢良大夫們全心全意的謀劃，但計策用盡了，齊軍卻越來越強大。於是那個善於偷竊的人前往子發面前請求說：「我願意用那微不足道的技術為您出力。」子發說：「好。」他也不問小偷要怎麼做，就派他去了。

小偷晚上進入齊營，偷了齊國將軍床上的帳子獻給子發。子發派人歸還齊國將軍，並說：「我們的兵士有人出外砍柴，得到將軍的帷帳，現在歸還給將軍。」第二天晚上，小偷又去偷來齊國將軍的枕頭。子發又派人歸還。第三天晚上，他又去偷來齊國將軍頭髮上的簪子。子發又派人歸還。齊軍聽說後大驚，將軍與軍吏密商，說：「今天如果不走，子發恐怕要取我的頭了。」於是就領兵撤離了。

◈楚將子發好求技道之士。楚有善為偷者，往見曰：「聞君求技道之士。臣，偷也，願以技齎一卒。」子發聞之，衣不給帶，冠不暇正，出見而禮之。左右諫曰：「偷者，天下之盜也。何為之禮？」君曰：「此非左右之所得與。」

後無幾何，齊興兵伐楚，子發將師以當之，兵三卻。楚賢良大夫皆盡其計而悉其誠，齊師愈強。於是市偷進請曰：「臣有薄技，願為君行之。」子發曰：「諾。」不問其辭而遣之。

偷則夜解齊將軍之幬帳而獻之。子發因使人歸之。曰：「卒有出薪者，得將軍之帷，使歸之於執事。」明又復往，取其枕。子發又使人歸之。明日又復往，取其簪。子發又使歸之。齊師聞之，大駭。將軍與軍吏謀曰：「今日不去，楚君恐取吾頭。」乃還師而去。

關於《淮南子》

西漢淮南王劉安與其門客共同編撰的著作，故事大多以寓言、神話傳說為主，思想內容接近道家黃老，同時夾雜先秦各家各派學說。書中收錄了許多古代的神話傳說，像是〈女媧補天〉、〈后羿射日〉、〈共工怒觸不周山〉、〈嫦娥奔月〉等。

伯牙與子期

出自：《列子》

伯牙擅長彈琴，鍾子期擅長傾聽琴聲。伯牙彈琴的時候，心裡想到巍峨的泰山，鍾子期聽了就讚歎道：「彈得太好了！聽起來就像巍峨的泰山屹立在我面前！」伯牙彈琴時，心裡想到寬廣的江河，鍾子期聽了就讚歎道：「彈得真好啊，琴聲聽起來就像一望無際的江河在我面前流動！」每次不論伯牙彈什麼，鍾子期都能聽出伯牙想藉由琴聲表達的意念。鍾子期死後，伯牙認為這輩子再也沒有人能這樣懂得他的音樂了，於是將琴摔壞，終身不再彈琴了。

◈伯牙善鼓琴，鍾子期善聽。伯牙鼓琴，志在登高山，鍾子期曰：「善哉！峨峨兮若泰山！」志在流水，鍾子期曰：「善哉！洋洋兮若江河！」伯牙所念，鍾子期必得之。……子期死。伯牙謂世再無知音，乃破琴絕弦，終身不復鼓。

關於《列子》

《列子》又名《沖虛真經》，相傳作者為列禦寇，春秋時的人。後人懷疑原書已散佚，今存的內容出於晉人之手。唐代時與《道德經》、《莊子》、《文子》並列為道教四部經典。《列子》一書的內容形式多為民間傳說、寓言故事和神話等，並包含深刻的哲學思想。

孝感動天的董永

出自：《搜神記》

漢代時千乘這個地方有個人名叫董永，從小沒有了母親，與父親相依為命。他事親至孝，連耕作時都用小車載著年邁的父親帶在身旁照顧。但父親死後，窮困的他沒有錢替父親辦理喪事，就賣身為奴，用賣身的錢來辦喪事。主人體諒他孝順善良，施捨他一萬錢後，就讓他回家。

董永守滿三年孝，預備回主人家去當長工償債。在途中竟碰到一個女子主動對他說：「我願意作您的妻子。」就隨董永一道回到主人家了。主人對董永說：「我已經把工錢給你了。」董永說：「承蒙您的恩惠，父親的喪事才能妥善辦完。我雖然貧賤，但知道要盡力為您效勞，報答您深厚的恩德。」主人見到那女子便問：「那這女子能做些什麼？」董永說：「她會紡織。」主人說：「既然如此，就讓你的妻子替我織一百匹布吧。」於是，董永和妻子就在主人家紡織，十天就織完了。

女子走出門來，對董永說：「我是天上的織女。因為天帝被您的孝行感動，派我幫您還債。」說完，就朝天上飛，不知去向了。

◈漢董永，千乘人。少偏孤，與父居，肆力田畝，鹿車載自隨。父亡無以葬，乃自賣為奴，以供喪事。主人知其賢，與錢一萬遣之。

永行三年喪畢，預還主人，供其奴職。道逢一婦人曰：「願為子妻。」遂與之俱。主人謂永曰：「以錢與君矣。」永曰：「蒙君之惠，父喪收藏。永雖小人，必欲服勤致力，以報厚得。」主曰：「婦人何能？」永曰：「能織。」主曰：「必爾者，但令婦為我織縑百疋。」於是永妻為主人家織，十日而畢。

女出門，謂永曰：「我天之織女也。緣君至孝，天帝令我助君償債耳。」語畢凌空而去，不知所在。

白水素女助謝端

出自：《搜神記》

晉安帝時，侯官這地方有個叫謝端的人，自幼父母去世，沒有親人，幸而有鄰居撫養他。他為人謹慎，安份守己，從不做非法的事。到了十七、八歲，他離開撫養他的鄰居家，自己一個人獨居，因尚未娶妻，鄰居們都很憐惜、照顧他，熱心的為他介紹親事，但一直沒有找到合適的對象。

謝端起早貪黑，耕田種地，總是不分日夜十分勤奮的工作。有一天，他在城外撿到一個大螺，像能裝三升水的壺那般的大，他感到很奇特，便拿回家放在甕中，就這樣過了十幾天。謝端仍舊每天辛勤的耕作，但回家就見家裡已經準備好了吃的喝的，也燒好了熱水、升了火，像是有人為他做好的。謝端以為是鄰居幫他的忙。連續幾天都這樣，他便前往鄰居家道謝，沒想到鄰居竟說：「我根本就沒這麼做，為什麼要感謝我？」謝端以為鄰居為善不欲人知，想要默默幫助他，卻接連好多天都是這樣的情形，他再度去問，鄰居笑著說：「你已經娶了妻子，祕密的藏在家裡幫你燒火煮飯，卻又說我給你做飯？」謝端沉默不語，心裡非常疑惑，還是不知道緣故。

有一天，謝端還是在雞鳴時就出外耕種，但天剛亮時又悄悄的回到家來，躲在籬笆外偷偷觀察家裡。這時只見一個少女從甕中出來，到廚房熱灶燒火。謝端進門，查看甕中的螺，發現螺不見了。於是到灶下問少女：「姑娘從哪裡來的？為什麼幫我做飯？」少女非常惶恐，想要躲回甕中，又不能進去，便回答：「我是天河中的白水素女。天帝可憐你少年孤苦，又恭慎自守，派我暫時來為你看守房子、煮飯做菜。本來預計十年之中，要使你變得富有、娶妻生子，然後我再回去。但你現在無故偷看，趁我不備而突然出現，我已經現了原形，不能再留下來了，得就此離開。不過即便如此，今後你的生活還是會慢慢好轉的，一定要勤懇耕田，捕魚打柴，料理生計。這個螺殼就留下來，可以用來貯藏米穀，這樣可保常年不缺糧食。」謝端請她留下來，她還是堅持不肯答應，這時天突然颳起風下起雨來，轉眼間少女就不見了。

謝端為她立了一個神位，按時節祭祀她。從此，謝端生活逐漸豐饒富足，但也不算是非常富有，鄉裡有人把女兒許配給他，後來謝端還當了縣令。現在侯官縣這地方還有奉祀素女祠。

◈晉安侯官人謝端，少喪父母，無有親屬，為鄰人所養。至年十七八，恭謹自守，不履非法。始出居，未有妻，鄰人共愍念之，規為娶婦，未得。

端夜臥早起，躬耕力作，不捨晝夜。後於邑下得一大螺，如三升壺，以為異物，取以歸，貯甕中，畜之十數日。端每早至野，還見其戶中有飯飲湯火，如有人為者，端謂鄰人為之惠也。數日如此，便往謝鄰人。鄰人曰：「吾初不為是，何見謝也？」端又以鄰人不喻其意，然數爾如此，後更實問。鄰人笑曰：「卿已自取婦，密著室中炊爨，而言吾為之炊耶？」端默然心疑，不知其故。

後以雞鳴出去，平早潛歸，於籬外竊窺其家中。見一少女，從甕中出，至灶下燃火。端便入門，逕至甕所視螺，但見殼。乃到灶下問之曰：「新婦從何所來，而相為炊？」女大惶惑，欲還甕中，不能得去，答曰：「我天漢中白水素女也。天帝哀卿少孤，恭慎自守，故使我權相為守舍炊烹。十年之中，使卿居富得婦，自當還去。而卿無故竊相窺掩，吾形已見，不宜復留，當相委去。雖然，爾後自當少差。勤於田作、漁採、治生。留此殼去，以貯米穀，常可不乏。」端請留，終不肯。時天忽風雨，翕然而去。

端為立神座，時節祭祀。居常饒足，不致大富耳。於是鄉人以女妻之，後仕至令長云。今道中素女祠是也。

有此一說

「田螺姑娘」是中國很早就有的民間故事類型。西晉束晳的《發蒙記》一書是最早的書面記載：「侯官謝端，曾於海中得一大螺，中有美女，云：『我天漢中白水素女。天矜卿貧，令我為卿妻。』」南朝梁任昉的《述異記》，除了謝端得螺與白水素女願意當謝端妻子的敘述，還加上了「端以為妖，呵責遣之。女嘆息升雲而去」的內容。到了《搜神記》中，則有更完整的情節。唐代《原化記》中的〈吳堪與白螺女〉（見本書一〇八頁），則進一步豐富了故事內容，加上了縣令為難的橋段。

重義輕生的荀巨伯

出自：《世說新語》

東漢有位名叫荀巨伯的人，有一次，他去探望住在遠方生病的好朋友，不料正好遇到胡人要攻打這位朋友所住的地方，友人就對荀巨伯說：「我就快死了，你還是趕快走吧！」荀巨伯說：「我這麼大老遠來看你，你卻叫我走，我怎麼可能做出這種貪生怕死、沒有道義的事！」

不久，胡人攻進城裡發現了他們，就問：「我們大軍一到，全城的人都逃光了，你們怎麼敢留在這裡？」荀巨伯說：「我的朋友生重病，我不忍心拋棄他一個人逃命，我願意用我的性命來換他的性命。」胡人們聽了，慚愧地對彼此說：「我們這些不講道義的人，今天到了一個講道義的國家。」於是班師撤軍，整座城也因此獲得周全。

◈荀巨伯遠看友人疾，值胡賊攻郡，友人語巨伯曰：「吾今死矣，子可去！」巨伯曰：「遠來相視，子令吾去；敗義以求生，豈荀巨伯所行邪？」賊既至，謂巨伯曰：「大軍至，一郡盡空，汝何男子，而敢獨止？」巨伯曰：「友人有疾，不忍委之，寧以我身代友人命。」賊相謂曰：「我輩無義之人，而入有義之國！」遂班軍而還，一郡並獲全。

關於《世說新語》

原名《世說》、《世說新書》，魏晉南北朝筆記小說的代表作，南朝宋劉義慶（403～444）和其門下客所撰。本書開後世說部（小說）之先河，全書以性質分類，分成「德行」、「言語」、「文學」等共三十六類，內容大多記載東漢到東晉間文人名士的思想言行和生活面貌。以分則記載的形式，一則單獨記一事。

《世說新語》不僅保存了魏晉時人的遺聞軼事，其生動精鍊的語言文字，也留下許多膾炙人口的名句佳言，成為後世作者取材引用之典故。

周處除三害

出自：《世說新語》

周處這個人年少時，凶惡逞強，任俠使氣，是鄉里的一個禍患。加上義興這個地方的水裡有一隻大蛟，山中有一隻凶猛的老虎，義興人將他們合稱為「三害」，而周處正是其中最厲害的禍端。後來有人勸周處去殺虎斬蛟展現勇猛，但實際上是盼望三害可以互相殘殺，至少只留下一個。沒想到周處後來真的殺死了老虎，又進水裡去殺了蛟。他殺蛟時，蛟在水中浮浮沉沉，周處和牠搏鬥了三天三夜，廝殺了幾十里。鄉里的人都以為周處已經死了，互相道喜。但最後周處卻殺死蛟回來了，他聽說鄉人以為他已經死了而相互慶賀，才知道自己是人們心目中的一害，從此有了悔改之意。

周處於是從吳地出發，尋找當時的名士陸機、陸雲兄弟。平原內史陸機不在，只見到清河內史陸雲，周處把殺三害的事情詳細告訴了陸雲，說想要自我修鍊改過，但很怕虛度了這麼久的光陰，最終不會有所成就。陸雲說：「古人推崇說，早上聽到有意義的道理，即使傍晚就死去，也沒有遺憾了。更何況你還有大好的前途，一個人擔心的是不立志，哪裡是擔心名聲是不是顯赫呢！」周處於是改過自勉，後來成為一名忠臣孝子。

◈周處年少時，兇強俠氣，為鄉里所患。又義興水中有蛟，山中有邅跡虎，並皆暴犯百姓，義興人謂為三橫，而處尤劇。或說處殺虎斬蛟，實冀三橫唯餘其一。處即刺殺虎，又入水擊蛟，蛟或浮或沒，行數十里，處與之俱，經三日三夜，鄉里皆謂已死，更相慶，竟殺蛟而出。聞里人相慶，始知為人情所患，有自改意。乃自吳尋二陸，平原不在，正見清河，具以情告，並云：「欲自修改，而年已蹉跎，終無所成。」清河曰：「古人貴朝聞夕死，況君前途尚可。且人患志之不立，亦何憂令名不彰邪？」處遂改勵，終為忠臣孝子。

旁㐌兄弟與金錐子

出自：《酉陽雜俎》

朝鮮半島新羅國的第一貴族叫金哥，他的遠祖名叫旁㐌。旁㐌有一個弟弟，弟弟家裡頗有些資產，而兄長旁㐌和弟弟分了家以後，日子過得很窮苦，只能行乞為生。鄰人分給他一畝空閒地，旁㐌向弟弟討了些蠶籽和穀種想要耕種。弟弟居然將蠶籽和穀種蒸過再給他，旁㐌不知道，到了出蠶的時候，只生出一條蠶。不過這條蠶一天能長一寸多長，過了十幾天，蠶竟長得像牛一樣大，吃光了好幾棵樹的葉子還不飽。旁㐌的弟弟知道了，竟偷偷的找機會殺死了他的蠶。但是，只過了一天，四周百里內的蠶，全部都聚集到旁㐌家。鄰人稱那條被殺死的蠶叫「巨蠶」，認為牠是蠶王。由於蠶都聚集到了旁㐌家結繭，鄰居們一起來幫忙整理蠶絲，都還忙不過來。

而旁㐌種下的稻穀也只有一株長出來，它的穗長了一尺多長，旁㐌經常守在它旁邊。突然來了一隻鳥將穀穗折斷銜走。旁㐌急忙追趕鳥兒，跑了約五、六里地上山，鳥鑽進了一條石縫中。這時太陽下山，路也看不見了，於是旁㐌就待在石頭邊等著。到了半夜時分，月光明朗，出來了一群穿紅衣服的小孩子在嬉戲。有個小孩問：「你們要什麼東西呢？」一個回答：「要酒。」那問話的小孩就拿出一把金錐子，敲了一下石頭，酒和酒杯都備好了。另一個又說：「要食物。」那小孩又用金錐子敲擊石頭，各種糕餅食品、紅燒肉、烤肉就排列在石頭上。小孩們又吃又喝，過了很久才各自散去，小孩把金錐子留著插在石頭縫中。旁㐌高興極了，拿起那把錐子就跑回家。從此旁㐌所想要的東西，用金錐子一敲就有了，後來他家的財力富可敵國。

旁㐌常常把各式各樣的珠寶分送給弟弟，他弟弟這才後悔以前將蒸過的蠶籽和穀種給哥哥的事，就對旁㐌說：「你也試著用蒸過的蠶籽和穀種來欺騙我，我或許也會像你一樣得到金錐子。」旁㐌知道他弟弟的想法很愚蠢，但怎麼勸也說不動，就只好照著弟弟的話辦。弟弟孵化了蒸過的蠶籽，也只孵出一條蠶，可這蠶跟普通的蠶沒什麼兩樣；將蒸過的穀種種下，也只有一株長出來。這株穀穗快成熟時，也來了一隻鳥將穀穗銜走，弟弟好高興，跟著鳥兒就往山裡跑，到了那鳥兒鑽入石縫的地方，遇到了一群鬼，鬼很憤怒地說：「就是這傢伙偷走我的金錐子！」就將弟弟捉起來，對他說：「你願意給我修三個夾板高的糠牆呢？還是願意讓你的鼻子變成一丈長？」旁㐌的弟弟要求修築三個夾板高的糠牆。但因為糠不易凝聚，弟弟忙了三天，又餓又累的，還是沒有築成，只好苦苦向鬼哀求，鬼使勁拔他的鼻子，拔得鼻子跟象鼻一樣長才放他回家。

弟弟回來後，城裡的人都感到十分稀奇古怪，聚集過來圍觀，弟弟又慚愧又懊惱，竟然就氣死了。後來，旁㐌家的小孩們鬧著玩，敲擊金錐子說要狼糞，結果雷聲震耳，金錐子就不見了。

◈新羅國有第一貴族金哥。其遠祖名旁㐌，有弟一人，甚有家財。其兄旁㐌因分居，乞衣食，國人有與其隙地一畝，乃求蠶穀種於弟，弟蒸而與之，㐌不知也。至蠶時，有一蠶生焉，目長寸餘，居旬大如牛，食數樹葉不足。其弟知之，伺間殺其蠶。經日，四方百里內蠶飛集其家。國人謂之巨蠶，意其蠶之王也。四鄰共繰之，不供。穀唯一莖植焉，其穗長尺餘。旁㐌常守之，忽為鳥所折銜去。旁㐌逐之上，山五六里，鳥入一石罅，日沒徑黑，旁㐌因止石側。至夜半，月明，見群小兒赤衣共戲。一小兒云：「爾要何物？」一曰：「要酒。」小兒露一金錐子，擊石，酒及樽悉具。一曰：「要食。」又擊之，餅餌羹炙羅於石上。良久，飲食而散，以金錐插於石罅。旁㐌大喜，取其錐而還。所欲隨擊而辦，因是富侔國力。

常以珠璣贍其弟，弟方始悔其前所欺蠶穀事，仍謂旁㐌：「試以蠶穀欺我，我或如兄得金錐也。」旁㐌知其愚，諭之不及，乃如其言。弟蠶之，止得一蠶如常蠶，穀種之復一莖植焉。將熟，亦為鳥所銜，其弟大悅，隨之入山。至鳥入處，遇群鬼，怒曰：「是竊予金錐者。」乃執之，謂曰：「爾欲為我築糠三版乎？欲爾鼻長一丈乎？」其弟請築糠三版。三日飢困，不成，求哀於鬼，乃拔其鼻，鼻如象而歸。國人怪而聚觀之，慚恚而卒。其後子孫戲擊錐求狼糞，因雷震，錐失所在。

有此一說

童話故事的主題，常常是善有善報、惡有惡報，本篇可算是「兩兄弟」類型故事的原型，裡面的正反兩個人物雖然做相同的事，卻有不同的結果，善良的好人得到寶物變富有，貪心的惡人卻得到懲罰。

此外值得一提的是，下篇的〈葉限姑娘〉可說是最早的灰姑娘故事（九世紀），比十七世紀法國夏爾・佩羅「鵝媽媽故事集」和十九世紀《格林童話》還早了好幾百年。

葉限姑娘

出自：《酉陽雜俎》

在遙遠的南方，廣西的少數民族中流傳有這樣的一個故事：在秦漢以前，有個洞主（首領）姓吳，當地人稱他為吳洞。他娶了兩個妻子，其中一位妻子死了，留下個女兒，名叫葉限。葉限從小就聰明能幹，很會淘金，很得父親疼愛。後來，吳洞死了，後母虐待葉限，常常叫她到危險的山上砍柴，到很深的溪邊取水。

有一天，葉限取水時撈到一條兩寸多長的小魚。這條魚長著紅色的鰭，金黃的眼睛。葉限把魚帶回家，偷偷地養在一個盆子裡。魚一天天長大，換過好幾種容器，最後長大到實在裝不下牠了，葉限只好把魚放養到屋後的池塘裡，只要有吃剩下的食物，就帶到池塘邊餵魚。每當葉限一到池邊，魚就浮出水面，把頭靠在岸邊。但若是其他人來到池邊，魚就絕不肯出來。

葉限的後母發現這件事，好幾次到池塘邊偷看，魚就是不肯出來。狡猾的後母就假意對葉限說：「妳不是很辛苦嗎？我給妳做件新衣服穿吧。」於是把葉限的舊衣換下來。

後來，她差遣葉限到一個幾百里遠的水泉打水，自己換上葉限的衣服，在袖子裡藏一把利刃，走到池邊呼喚魚。魚一露出頭來，她就一刀將魚砍死。那條魚已經長到一丈多長。後母把魚肉煮成菜餚，味道比平常的魚還要鮮美許多。她又把魚骨頭埋在堆糞土堆裡。第二天，當葉限來到池塘邊，卻再也看不到魚了。她很傷心，就跑到野外大哭起來。突然，一個披頭散髮、穿粗布衣服的人從天而降，安慰葉限說：「妳不要哭了，魚已經被妳的後母殺了。她把魚骨頭埋在糞土中。妳快回去，把魚骨頭挖出來藏在房子裡，妳需要什麼東西，只管求它，它會滿足妳的要求。」葉限回去後照著那人的話做，不管是金銀珠寶還是衣物食品，想要什麼，就有什麼。

洞人們的節日到了，後母去趕節，卻叫葉限看守庭院裡的果樹。葉限等後母走遠了之後，就穿上有翠鳥羽毛裝飾的衣服，金色絲線編織的鞋子，也去參加洞節。後母的親生女兒認出了葉限，對母親說：「這人很像大姊。」後母看了也懷疑是葉限。葉限發覺自己引起她倆注意，便匆忙趕回家，結果不小心掉了一隻鞋。這隻鞋被當地人撿去了。後母回到家，只見葉限正抱著一棵樹睡覺，就不懷疑她了。

當地附近有一個海島，島上有個陀汗國，國勢強大，統治著周遭幾十個島嶼，控制了好幾千里的海域。撿到鞋的洞人將鞋子賣到陀汗國。國王得到鞋之後，命令他身旁的人試穿，結果鞋比眾人中最小的腳還小一寸。於是國王下令要全國的女人都來試鞋，最終卻沒有一人可以合腳。這隻鞋像羽毛一樣輕，踩在石頭上也不出聲。國王認為賣鞋的洞人來路不正，就把他監禁起來，拷問他，他卻始終說不出這鞋的來歷。因為這鞋是從路邊撿到的，國王於是下令到附近各家各戶搜捕，若誰家有女子能穿這種鞋，就立刻逮捕回報。後來，在葉限家找到了另一隻鞋，國王很覺得奇怪，就下令搜查她們的房子，找到了葉限，命令她穿上鞋子證實。於是葉限就穿上翠羽裝飾的衣服和金線編織的鞋子去見國王，美麗得像天仙一般。葉限將事情原原本本地向國王陳述，國王就帶著葉限及魚骨一起回到王國。而狠心的後母和她的女兒，被國王下令向她們丟石頭處死。洞人們可憐她們，把她們的屍首埋在石頭坑裡，取名為「懊女冢」。洞人們把她們當作媒神，祈求都很靈驗。

陀汗國王回國後，封葉限為王妃。頭一年，貪心的國王就向魚骨求了無數的玉石寶貝。過了一年，魚骨再也不靈驗了。國王就將魚骨埋在海邊，用了一百斛珠寶和許多金銀圍在魚骨四周。後來，國王要征討作亂的叛軍時，決定挖出金銀珠寶供給部隊。結果一夕之間，海潮就淹沒了埋藏魚骨的地方。

◈南人相傳，秦漢前有洞主吳氏，土人呼為吳洞。娶兩妻，一妻卒。有女名葉限，少惠，善淘金，父愛之。末歲父卒，為後母所苦，常令樵險汲深。

時嘗得一鱗，二寸餘，赭鬐金目，遂潛養於盆水。日日長，易數器，大不能受，乃投於後池中。女所得餘食，輒沉以食之。女至池，魚必露首枕岸，他人至不復出。

其母知之，每伺之，魚未嘗見也。因詐女曰：「爾無勞乎，吾為爾新其襦。」乃易其弊衣。後令汲於他泉，計里數百也。母徐衣其女衣，袖利刃行向池。呼魚，魚即出首，因斤殺之。魚已長丈餘。膳其肉，味倍常魚，藏其骨於郁棲之下。逾日，女至向池，不復見魚矣，乃哭於野。忽有人被髮粗衣，自天而降，慰女曰：「爾無哭，爾母殺爾魚矣，骨在糞下。爾歸，可取魚骨藏於室，所須第祈之，當隨爾也。」女用其言，金璣衣食隨欲而具。

及洞節，母往，令女守庭果。女伺母行遠，亦往，衣翠紡上衣，躡金履。母所生女認之，謂母曰：「此甚似姊也。」母亦疑之。女覺，遽反，遂遺一隻履，為洞人所得。母歸，但見女抱庭樹眠，亦不之慮。

其洞鄰海島，島中有國名陀汗，兵強，王數十島，水界數千里。洞人遂貨其履於陀汗國，國主得之，命其左右履之，足小者履減一寸。乃令一國婦人履之，竟無一稱者。其輕如毛，履石無聲。陀汗王意其洞人以非道得之，遂禁錮而栲掠之，竟不知所從來。乃以是履棄之於道旁，即遍歷人家捕之，若有女履者，捕之以告。陀汗王怪之，乃搜其室，得葉限，令履之而信。葉限因衣翠紡衣，躡履而進，色若天人也。始具事於王，載魚骨與葉限俱還國。其母及女即為飛石擊死，洞人哀之，埋於石坑，命曰懊女冢。洞人以為媒祀，求女必應。

陀汗王至國，以葉限為上婦。一年，王貪求，祈於魚骨，寶玉無限。逾年，不復應。王乃葬魚骨於海岸，用珠百斛藏之，以金為際。至征卒叛時，將發以贍軍。一夕，為海潮所淪。

第七部　古人的機智生活

人生在世，難得糊塗。
有時也需要一些小聰明與大智慧。

兩小兒辯日

出自：《列子》

孔子到東方去遊歷。有一天，孔子來到一個村莊，看見兩個小孩兒正爭論得面紅耳赤，誰也不肯認輸。孔子便從車上下來，問他們在爭什麼呢。

兩個小孩兒說：「我們在爭論一個問題，不關你的事，你走你的路吧！」

孔子看到兩個小孩兒還沒有平靜下來，便和藹地說：「爭論什麼問題？讓我也聽聽行嗎？」一個小孩兒問：「你是誰？」孔子回答：「我是魯國的孔丘。」另一個小孩兒高興地說：「正好聖人來了，讓他給我們評評理吧！」孔子謙虛地說：「我還算不上聖人，只是多讀了些書罷了。」

一個小孩兒說：「我認為，太陽剛出來的時候離我們近，到了中午，離我們遠。」另一個小孩兒說：「我認為，太陽剛出來的時候離我們遠，到了中午，離我們近。」孔子覺得這個問題很有意思，就說：「你們能說說理由嗎？」

一個小孩兒說：「太陽剛出來的時候像車輪那麼大，到中午時候變得像盤子那麼大。

這不就是因為太陽離我們近時，我們看它覺得大；離我們遠時，我們看見它就覺得小嗎？所以我說太陽早上離我們近，中午離我們遠。」另一個小孩兒說：「太陽剛出來的時候涼颼颼的，到中午時就像手伸進開水裡熱燙燙的。這不就是因為太陽離我們遠時，我們就覺得它涼；離我們近時，我們就覺得它熱嗎？所以我說太陽早上離我們遠，中午離我們近。」

孔子也判斷不出誰對誰錯。兩個小孩兒便嘲笑孔子說：「誰說你這個聖人知識淵博呢！」

◈孔子東遊，見兩小兒辯日。問其故，一兒曰：「我以日始出時去人近，而日中時遠也。」一兒以日初出遠，而日中時近也。一兒曰：「日初出大如車蓋，及日中，則如盤盂，此不為遠者小而近者大乎？」一兒曰：「日初出滄滄涼涼，及其日中，如探湯，此不為近者熱而遠者涼乎？」孔子不能決也。兩小兒笑曰：「孰為汝多知乎？」

阿豺折箭

出自：《魏書・吐谷渾傳》

南北朝時期，吐谷渾國王樹洛干死後，由他的弟弟阿豺繼位。

後來，阿豺生了重病，決定把王位留給同母所出的弟弟慕璝。他在臨死前，把弟弟和兒子們都叫到病床前，交代後事。

阿豺說：「先王把國家大業託付給我，而不是給他的兒子，我怎敢忘記先王的義舉，把王位交給我的長子緯代呢？所以我要把國家大業交給慕璝掌管。今後你們都得聽從他的命令！」阿豺有二十個兒子，他看到兒子們不服氣的表情，就說：「你們每個人都拿一支箭來放在地下。」然後阿豺對他另一個同母弟弟慕利延說：「你拿起一支箭來，把它折斷。」慕利延拿起一支箭，輕易就折斷了。阿豺又說：「你把剩下的十九支箭放在一起折斷看看。」慕利延拿起十九支箭，但是用盡全力也折不斷。

阿豺說：「你們知道了吧！單單一支箭容易折斷，很多支箭一起，就難以折斷。所以，大家團結一致的話，國家就能穩固了。」他說完之後就死了。

◈樹洛干死，弟阿豺立……會暴病，臨死召諸子弟告之曰：「先公車騎舍其子虔以大業屬吾，吾豈敢忘先公之舉而私於緯代，其以慕璝繼事。」阿豺有子二十人，緯代，長子也。阿豺又謂曰：「汝等各奉吾一支箭，折之地下。」俄而命母弟慕利延曰：「汝取一支箭折之。」慕利延折之。又曰：「汝取十九支箭折之。」延不能折。阿豺曰：「汝曹知否？單者易折，眾則難摧，戮力一心，然後社稷可固。」言終而死。

關於《魏書》

北齊的史學家魏收（506～572）所編撰的紀傳體史書，內容記載了西元四世紀末至六世紀中葉的北魏王朝歷史。為「二十四史」之一。

偃師造假人

出自：《列子》

周穆王到西方視察，越過了崑崙山，快到傳說中太陽落下的弇山便折了回來。還沒有回到國都時，就在路上碰到一個製作工藝品的匠人，名叫偃師。穆王特別接見他，問他：「你有些什麼特殊的才能啊？」偃師回答：「我可以任憑您吩咐製造任何東西。不過，我已經造好一件作品，希望大王先看看。」穆王說：「好，明天一道帶來吧，我跟你一起看看是什麼特殊的好東西。」

第二天，偃師又來拜見穆王，穆王見他身旁另有一個人，便問他：「跟你一起來的是什麼人？」偃師回答：「這是我製造能夠表演技藝的假人。」穆王很驚奇的看著，這個假人走路、彎腰、仰頭，無不像極了真人，十分的靈巧！輕輕搖一搖它的下巴，便唱起歌來，歌聲悅耳，也很合旋律；撥弄一下它的手，便手舞足蹈起來，也很有節奏感，可以千變萬化，想要它做什麼便做什麼。穆王把它當成了真人，連他寵愛的美人、侍妾也一起來欣賞表演。沒想到表演快結束時，這個假人竟轉動眼珠，向穆王的侍妾眉目傳情。穆王大怒，認為偃師戲弄自己，要馬上懲處偃師，偃師嚇壞了，立刻拆散了假人，一個個零件指給穆王看。原來都是用皮革、木頭、樹膠、生漆等原料組合，再塗上白、黑、紅、青等顏料而成。穆王仔細的觀察那假人體內的肝、膽、心、腎、脾、肺、腸、胃，以及體表的筋絡、骨頭、四肢、關節、皮膚、毛髮、牙齒等，都是假造的，而且樣樣齊全。把這些東西組裝起來，又恢復了一開始看到它的樣子。穆王命令摘掉它的心，它便不能說話；摘掉它的肝，便不能看東西；摘掉它的腎，便不能走路。

穆王高興的讚嘆說：「人為的技術，竟然能夠跟造物者一樣巧妙啊！」

◈周穆王西巡狩，越崑崙，不至弇山。反還，未及中國，道有獻工人名偃師，穆王薦之，問曰：「若有何能？」偃師曰：「臣唯命所試。然臣已有所造，願王先觀之。」穆王曰：「日以俱來，吾與若俱觀之。」

越日，偃師謁見王。王薦之曰：「若與偕來者何人邪？」對曰：「臣之所造能倡者。」穆王驚視之，趣步俯仰，信人也。巧夫，鎖其頤，則歌合律；捧其手，則舞應節。千變萬化，惟意所適。王以為實人也。與盛姬內御並觀之。技將終，倡者瞬其目而招王之左右侍妾。王大怒，立欲誅偃師。偃師大懾，立剖散倡者以示王，皆傅會革、木、膠、漆、白、黑、丹、青之所為。王諦料之，內則肝、膽、心、肺、脾、腎、腸、胃，外則筋骨、支節、皮毛、齒髮，皆假物也，而无不畢具者。合會復如初見。王試廢其心，則口不能言；廢其肝，則目不能視；廢其腎，則足不能步。

穆王始悅而歎曰：「人之巧乃可與造化者同功乎？」

楚人學隱身術

出自：《笑林》

楚地有個人，家裡很窮，有一次他讀《淮南》這本書，書裡面寫到：「螳螂要伺機捕蟬，會躲在葉子後面，可以隱去身形。」於是他就到樹下，抬頭等待，看有沒有螳螂躲在葉子後面捕蟬。守了好一會兒，果真被他看到有隻螳螂躲在葉子後面，就去摘那片葉子，一不小心，葉子掉到地上，跟一大堆落葉混在一起，分不出來了。於是他只好把落葉全部掃起來，足足有好幾斗那麼多，全部帶回家裡。回家之後，他把葉子一片片拿起來，遮在自己面前，然後問妻子：「妳看得見我嗎？」剛開始，妻子都回答：「看得見。」結果那人每換一片葉子就問一次，問到他妻子煩得受不了，就騙他說：「看不見了。」楚人大喜，就把這片神奇的葉子帶在身上，走到市場，當著人家面前拿了貨物就走。衙裡的差役把他捆送到衙門裡治罪，縣令審問他是怎麼回事，他只好一五一十地供出原委。縣令聽了大笑，就把他放了，也沒有治他的罪。

◈楚人居貧，讀《淮南》，方得「螳螂伺蟬自鄣葉可以隱形」，遂於樹下仰取葉。螳螂執葉伺蟬，以摘之，葉落樹下；樹下先有落葉，不能復分，別掃取數鬥歸。一一以葉自鄣，問其妻曰：「汝見我不？」妻始時恆答言「見。」經日乃厭倦不堪，紿云：「不見。」嘿然大喜，齎葉入市對面取人物，吏遂縛詣縣。縣受辭，自說本末。官大笑，放而不治。

關於《笑林》

作者邯鄲淳，三國魏時人，生卒年不詳。中國最早的一部笑話專書。本書記載了許多當時的幽默趣事和諷刺笑話。原書到宋代之後佚失，魯迅曾輯錄到《古小說鉤沉》裡。

有此一說

邯鄲淳也是三國時有名的書法家，以大書法家扶風、曹喜為師，擅長大篆和八分隸。他博學多才，曾被蔡邕稱讚為「絕妙好辭」的曹娥碑文，就是出自他之手。傳說漢代時會稽上虞縣令度尚欲為曹娥立碑，嘉獎其投江尋父的孝行，於是請當時已有文名的魏朗撰寫，結果魏朗沉吟許久仍未寫出，度尚遂命當時才二十出頭的弟子邯鄲淳作碑文。邯鄲淳略微構思後就從容下筆，一揮而就。文成後眾人大加讚賞。當時蔡邕曾聞名來觀之，閱後在碑文背面寫了「黃絹幼婦，外孫齏臼」八字。後來曹操與楊修經過曹娥碑，楊修見到那八個字，立即解出蔡邕是在盛讚碑文為「絕妙好辭」。（事見《世說新語》）

誰殺了陳佗

出自：《笑林》

某甲想拜見新到任的縣官套套交情，但又不知縣官喜好什麼，就問手下的人：「你們誰知道這個縣太爺有什麼喜好？」有個討好的人對他說：「聽說縣官老爺喜讀《公羊傳》。」某甲後來就去見縣官，縣官問道：「請問先生您喜歡讀什麼書？」某甲答道：「最喜歡《公羊傳》。」縣官想試探他一下，就問道：「那麼請問是誰殺了陳佗？」據《公羊傳》記載，魯桓公六年，蔡國人殺了陳佗。某甲根本就沒讀過《公羊傳》，他當然聽不懂縣官問話的意思，一時不知如何回答，還以為縣官在問是不是他殺了陳佗呢，過了好一會兒才說：「我真的沒殺陳佗。」

縣官已知某甲不學無術，就進而戲弄他說：「您既然沒殺陳佗，那麼請問是誰殺的？」某甲一聽嚇壞了，跌跌撞撞地就跑出來，連鞋子都來不及穿。人們見他光著腳在街上跑，就問他究竟出了什麼事，他語無倫次地大聲說：「是那縣太爺，他劈頭就問我殺人犯的事，我以後可不敢再來了。至於那個殺人犯，恐怕遇到大赦就會出來吧！」

◈有甲欲謁見邑宰，問左右曰：「令何所好？」或語曰：「好《公羊傳》。」後入見，令問：「君讀何書？」答曰：「惟業《公羊傳》。」試問：「誰殺陳佗者？」甲良久對曰：「平生實不殺陳佗。」

令察謬誤，因復戲之曰：「君不殺陳佗，請是誰殺？」於是大怖，徒跣走出。人問其故，乃大語曰：「見明府，便以死事見訪，後直不敢復來，遇赦當出耳。」

虛空的細紗縷

出自：《高僧傳》

從前有個狂人，有一天他請紡織匠紡棉紗，要求紡得盡量又細又精緻。紡織匠盡心盡力，紡出的紗已經像塵粒那麼細緻了，但那狂人還是嫌粗。織匠大怒，往空中某處一指，叫狂人看：「這便是剛紡出的細紗！」狂人說：「我怎麼看不見紗呢？」紡織匠說：「這種紗極細，我們這行業中最優秀的匠人都看不見，更何況其他人呢？」狂人聽了之後非常興奮，把紗交給其他織匠織布，這些織匠也學前面織匠的作法，假裝有在織布的樣子，狂人因此給他們最好的獎賞。但實際上既沒紗，也沒有布。

◈如昔狂人，令績師績線，極令細好。績師加意，細若微塵，狂人猶恨其麁。績師大怒，乃指空示曰：『此是細縷。』狂人曰：『何以不見？』師曰：『此縷極細，我工之良匠猶且不見。況他人耶？』狂人大喜，以付織師。師亦效焉，皆蒙上賞，而實無物。

關於《高僧傳》

南北朝時的佛教僧人史傳，作者是南朝梁的僧人慧皎（497～554）。記錄東漢到南朝間的著名僧人事蹟，內容大量引用史料，對後世頗有參考價值。這篇〈虛空的細紗縷〉出自書中的「鳩摩羅什傳」，西方直到十四世紀才出現類似的《國王的新衣》故事。

藍姐智擒強盜

出自：《夷堅志》

紹興十二年時，京城東邊有個以家產豐饒聞名的王知軍，寄居在臨江新淦縣的青泥寺。這個地方離城鎮很遠，且地處偏遠，盜賊很多。有一天他與客人飲宴，直到深夜才散，夫婦都喝醉了，睡得很沉。

沒想到不一會兒，一夥盜賊闖入家門，差不多有三十人，把王的子女和所有婢女都捆綁起來。有個婢女叫說：「負責當家理財的只有藍姊一人，不干我們的事啊！」原來藍姊是王知軍寵愛的婢女，她從人群中走出來說：「主人家裡的財物都由我來管理，各位若想要拿去，我也不敢吝惜，只是主公主母才剛睡熟，希望不要驚嚇到他們。」說完，她就拿起桌上的大蠟燭，領著盜賊到西邊的一間偏房裡，指著床上的箱籠一一說：「這裡面是酒器，這裡面的是各色絲綢，這裡面則是衣服被子。」並把鑰匙都交了出去，讓盜賊隨意拿取。盜賊把被套拆下來，做成一個大包袱，取出金屬器皿，踩扁後裝到裡頭。蠟燭燃完了，藍姊又為盜賊點上一支新的。盜賊喜出望外，個個從容不迫地搜刮，大約過了十刻鐘這麼久的時間才離去。

盜賊走了很久，王知軍也醒來了，藍姊這才稟告剛才發生的事，並且解開捆綁眾人的繩索。天一亮王家就到縣府報案，縣府又把案情上報給郡裡。王知軍又急又氣，鬱鬱成疾。藍姊卻偷偷的告訴他：「您哪需要擔憂呢！盜賊不難抓呀。」王知軍怒罵：「妳一個女人家懂什麼？把家財盡數奉送給盜賊，又胡說盜賊容易抓，到底是什麼意思？」藍姊說：「三十個盜賊都穿著白布袍，我手持蠟燭時都用燭淚滴在他們的背上，只要看背上是否有燭淚去尋賊，盜賊自然就躲藏不了啊。」王知軍把她的話告訴追捕盜賊的捕快，果然不久就從賣牛的商場中抓到了七人，順藤摸瓜後四處搜查，一個也沒有漏掉，劫去的財物也都全數追討了回來，一樣都沒少。

◈紹興十二年，京東人王知軍者，寓居臨江新淦之青泥寺。寺去城邑遠，地迥多盜，而王以多貲聞。嘗與客飲，中夕乃散，夫婦皆醉眠。

俄有盜人，幾三十輩，悉取諸子及羣婢縛之。婢呼曰：「主張家事獨藍姐一人，我輩何預也！」藍蓋王所嬖，即從眾中出，應曰：「主家凡物皆在我手，諸君欲之，非敢惜。但主公主母方熟睡，願勿相驚恐。」秉席間大燭，引盜入西偏一室，指床上篋笥曰：「此為酒器，此為綵帛，此為衣衾。」付以鑰，使稱意自取。盜拆被為大複，取器皿蹴踏置於中。燭盡，又繼之，大喜過望，凡留十刻許乃去。

去良久，王老亦醒，藍始告其故，且悉解眾縛。明旦訴於縣，縣達於郡。王老戚戚成疾，藍姐密白曰：「官何用憂？盜不難捕也。」王怒罵曰：「汝婦人何知！既盡以家貲與賊，乃言易捕，何邪？」對曰：「三十盜皆著白布袍，妾秉燭時，盡以淚污其背，但以是驗之，其必敗。」王用其言以告逐捕者，不兩日，得七人於牛肆中，展轉求跡，不逸一人，所劫物皆在，初無所失。

健忘病

出自：《艾子後語》

齊國有個記性不好的人，走起路來就會忘了停下，躺下之後就會忘了起身。他的妻子很擔心他，於是對他說：「聽說艾子為人詼諧風趣而且有智慧，能治好一般人難治的病，你何不去向他請教？」那個人說：「好啊。」於是便騎著馬、帶著弓箭出發了。他才走不到三十里，因肚裡發脹，就下馬解起大便來。他把箭插入地裡，把馬拴在樹邊。

他解完大便，向左邊一看，瞧見他的箭，說：「真危險啊！這是哪來的冷箭啊，差點射中我了！」他又向右邊看看，瞧見了那匹馬，高興地說：「雖說虛驚一場，卻得到了一匹馬。」他牽著馬的韁繩，準備騎回去，忽然踏到自己剛才解的大便，氣得頓腳說：「可惜踩到狗屎，把我的鞋子弄髒了！」說完便趕著馬掉頭往回走。

過了一會兒回到了家，他在門外徘徊著說：「這是誰家呢？難道就是艾子住的地方嗎？」他的妻子恰好看見他，知道他又健忘病發作了，就把他罵了一頓。那人十分鬱悶地說：「這位娘子，我又不認識妳，為什麼開口就罵人呢？」

◆齊有病忘者，行則忘止，臥則忘起。其妻患之，謂曰：「聞艾子滑稽多智，能瘉膏肓之疾，盍往師之？」其人曰：「善。」於是乘馬挾弓矢而行。未一舍，內逼，下馬而便焉，矢植於土，馬繫於樹。

便訖，左顧而睹其矢，曰：「危乎！流矢奚自，幾乎中予！」右顧而睹其馬，喜曰：「雖受虛驚，乃得一馬。」引轡將旋，忽自踐其所遺糞，頓足曰：「踏卻犬糞，污吾履矣，惜哉！」鞭馬，反向歸路而行。

須臾抵家，徘徊門外曰：「此何人居，豈艾夫子所寓邪？」其妻適見之，知又忘也，罵之。其人悵然曰：「娘子素非相識，何故出語傷人？」

關於《艾子後語》

明朝陸灼（生平不詳）所編的詼諧故事集，成書於明代萬歷年間。他自覺地模仿蘇東坡《艾子雜說》而「以言語文章規切時政」。全書有故事十五則。

不死藥

出自：《韓非子》

戰國時期，有人向楚王進獻據說吃了能長生不死的藥。楚王身邊負責通報與接待賓客的近侍接了藥之後，急急忙忙要拿進宮去。有個宮中衛士看見了，便問他：「這東西可以吃嗎？」近侍回答：「可以吃呀。」衛士聽了，一把搶過藥就吞下去了。近侍把這件事呈報給楚王之後，楚王十分生氣，要命人處死這名衛士。衛士於是託人向楚王解釋：「我問近侍說這藥可以吃嗎？他說可以吃，所以我才吃的。這不能怪我，是近侍的罪過。況且那個獻藥的人獻的是長生不死藥，我已經吃下去了，大王如果殺死我，這豈不成了死藥，那個人就欺騙了大王。您殺死一個沒有罪的臣子，只證明了有人在欺騙您。您還不如把我放了吧。」楚王想了想，最後決定不殺他了。

◈有獻不死之藥於荊王者，謁者操之以入。中射之士問曰：「可食乎？」曰：「可。」因奪而食之。王大怒，使人殺中射之士。中射之士使人說王曰：「臣問謁者，曰『可食』，臣故食之，是臣無罪，而罪在謁者也。且客獻不死之藥，臣食之，而王殺臣，是死藥也，是客欺王也。夫殺無罪之臣，而明人之欺王也，不如釋臣。」王乃不殺。

關於《韓非子》

戰國思想家韓非（約前281～前233）的著作，內容共二十卷，分為五十五篇，有系統的宣揚法、術、勢相結合的法治理論，是先秦法家學說集大成之作，也是後世史書的參考來源。他使用了許多寓言故事說明道理，其中許多成為成語典故的出處，例如「自相矛盾」、「濫竽充數」、「買櫝還珠」等。

東食西宿

出自：《風俗通義》

戰國時，齊國有個女子，同時受到兩家男子的追求。東家的男子相貌醜陋，但家境富有；西家的男子容貌俊秀，然而家徒四壁。女子的父母猶豫不決，不知道該將女兒嫁給誰，於是決定問她的意見。他們告訴女兒說：「妳想嫁到哪一家呢？要是不好明說的話，就露出那邊的手臂，我們就知道了。」沒想到女子聽了之後，露出了兩邊的手臂。父母覺得很奇怪，問她原因，她回答說：「我想兩家都嫁呀！然後在有錢的東家吃飯，晚上到長得好看的西家去過夜。」

◈齊人有女，二人求之。東家子丑而富，西家子好而貧。父母疑不能決，問其女：「定所欲適，難指斥言者，偏袒令我知之。」女便兩袒。怪問其故。云：「欲東家食，西家宿。」

關於《風俗通義》

作者東漢應劭，生卒年不詳。《風俗通義》是漢代民俗著作，記述禮儀、風俗和社會習慣，記錄了大量的神話異聞與民間傳說，是研究兩漢社會生活史的重要文獻。原為三十篇，今僅存十篇。

有此一說

這個故事就是成語「東食西宿」或者「西食東眠」的由來，後來用來比喻人貪得無厭，想占盡便宜，什麼好處都要。

屠夫的見識

出自：《韓詩外傳》

齊王為女兒準備了豐厚的嫁妝，想要把她嫁給一個名字叫吐的屠夫。沒想到屠夫以身體有病為由拒絕了。屠夫的朋友知道這件事後，就問他：「你難道想一輩子待在你這間腥臭的肉店裡嗎？現在有這麼好的機會，為什麼要拒絕呢？」屠夫跟朋友說：「因為齊王的女兒很醜啊。」朋友說：「你怎麼知道她長相醜陋呢？」屠夫說：「我是從我賣肉的經驗推測出來的。」朋友問：「這話怎麼說？」屠夫說：「如果我賣的肉品質好，給足了分量，顧客就離開了，我還怕供不應求呢；如果我賣的肉品質不好，即使多給顧客一些，我還擔心賣不出去呢。現在齊王給女兒這麼多嫁妝，肯定是因為女兒長得醜，不好說親事啊！」後來，屠夫的朋友見到齊王的女兒，果然長得不好看。

◈齊王厚送女，欲妻屠牛吐，屠牛吐辭以疾。其友曰：「子終死腥臭之肆而已乎！何為辭之？」吐應之曰：「其女醜。」其友曰：「子何以知之？」吐曰：「以吾屠知之。」其友曰：「何謂也？」吐曰：「吾肉善，如量而去，苦少耳；吾肉不善，雖以吾附益之，尚猶賈不售。今厚送子，子醜故耳。」其友後見之，果醜。

關於《韓詩外傳》

作者為西漢時韓嬰，生卒年不詳。西漢初年傳授《詩經》的學派，主要有魯、齊、韓三家，韓詩一派的創立者就是韓嬰，他根據《詩經》內容作《內傳》與《外傳》，只有《韓詩外傳》流傳至今。體例是先講故事，雜以議論，再引《詩經》句子為證，記錄了一些古代的故事和傳說。